MINBAN FEIYINGLI YANGLAO FUWU JIGOU
CAIWU GUIFAN ZHIDAO SHOUCE

民办非营利养老服务机构财务规范指导手册

曹瑞芳　任宏艳　主编

中国社会出版社
国家一级出版社 · 全国百佳图书出版单位

编委会

主　编： 曹瑞芳　任宏艳

副主编： 刘　森　沈延红　于　帆　周　涛

编　委（按姓氏首字母排序）：

戴　琼　关振鹏　齐　娜　曲　宏

陶　纯　徐典文　张　婧

前　言

我国自2000年迈入老龄化社会之后，人口老龄化的程度持续加深。到2022年左右，我国65岁以上人口将占到总人口的14%，实现向老龄社会的转变。2035年和2050年时，我国65岁及以上的老年人将达到3.1亿和接近3.8亿，占总人口比例则分别达到22.3%和27.9%。随着社会对养老服务的需求逐步增加，养老机构的数量严重不足、养老床位也是供不应求，而养老机构的财务管理水平更是参差不齐。

根据《中共中央 国务院关于加强新时代老龄工作的意见》《国务院办公厅关于推进养老服务发展的意见》和北京市政府《关于加快推进养老服务发展的实施方案》以及北京市财政局、北京市民政局联合印发的《北京市民办非营利养老服务机构财务管理办法》，为规范民办非营利养老服务机构财务行为，加强民办非营利养老服务机构财务管理，促进民办非营利养老服务机构健康有序发展，我们编写了全国首本《民办非营利养老服务机构财务规范指导手册》。

《民办非营利养老服务机构财务规范指导手册》致力于为民办非营利养老服务机构的健康发展提供专业的指导，全书采用简约的形式，便于读者能快速找到问题及答案。全书各章节亦经精心打磨，简洁易懂。全书分为两大部分：专用篇和通用篇。专用篇针对养老机构日常财务核算、财务管理中遇到的问题进行介绍，包括：会计核算流程（第一章）、财务管理规范（第二章）、税费优惠政策（第三章）、负面清单管理（第四章）、相关政策法规（第五章）。通用篇针对养老机构作为民间非营利组织在日常工作中遇到的痛点及难点问题进行介绍，包括：会计基本概念（第六章）、看懂财务报表（第七章）、读懂年审报告（第八章）、年检中的要求（第九章）、制度制定要点（第十章）。全书每章都增加了引言，便于读者对各章节的精华一目了然；每章内容都有独立编号，便于读者按类阅读和查找，是一本非常实用、简洁易懂的工具书。

本书在编写过程中我们邀请了监管部门、财税部门等相关专家及养老院院长、养老院财务经理、康养管理领导参加专家论证会。会上，专家们从专业维度、管理维度、用户维度、康养维度、监管维度、服务维度，发表了自己的意见及建议。专家们表示本手册体现出三个字即“新”“全”“实”，“新”即形式新颖；“全”即内容齐全；“实”即实用性强。此外，现场专家还提出了一些中肯意见，对我们编写后续养老系列财务管理丛书给出了思路。

参会的人员有（按照姓氏首字母排序）：陈敏芳、关振鹏、李红薇、齐娜、乔颖、曲宏、陶纯、王俊梅、王丽、徐典文、周黎明、赵宇、赵路、张银花、张秋玲、张婧、张美艳。我们在此对参会专家的热情付出表示诚挚的感谢！

编　者

2022 年 2 月

目　录

第一部分　专用篇

第二部分　通用篇

第一部分：专用篇

ZHUANYONG PIAN

第一章　会计核算流程

引言：

伴随着社会经济的发展，以及人口老龄化问题的凸显，我国养老事业已经进入了快速成长的阶段，增强养老产业的服务业务能力、提升养老机构的服务业务水平、规范养老机构的服务管理工作已成为养老事业健康发展的关键因素。我国现有多数养老机构的性质为民间非营利组织，但是从实际执行情况看，仍存在许多养老机构未按照《民间非营利组织会计制度》及《〈民间非营利组织会计制度〉若干问题的解释》的规定开展会计核算。本章从11个方面的内容梳理养老机构常规业务活动循环的同时解决相关业务的会计核算问题。

为了简明、清晰地说明我国养老机构在日常业务活动中常见经济活动，并按照2004年《民间非营利组织会计制度》（财会〔2004〕7号）及2020年《〈民间非营利组织会计制度〉若干问题的解释》（财会〔2020〕9号）的规定开展会计核算，本章以能够提供住宿并开展全日护理服务的养老机构为例，围绕从老人入住收取押金业务为起点至老人离院退还押金为终点的全业务循环，逐一梳理养老机构常规业务活动的会计核算，突出了养老机构核心业务的收入及对应发生的成本在会计核算中的配比关系，也全面展示了机构常见费用的会计核算。

养老机构常规业务循环及会计核算主要内容见图1-1。

1. 收取入住押金核算

养老机构在与入住老年人及其代理人之间充分沟通后，审核入住老年人健康状况等相关资料，结合评估机构出具的老年人能力评估报告，共同

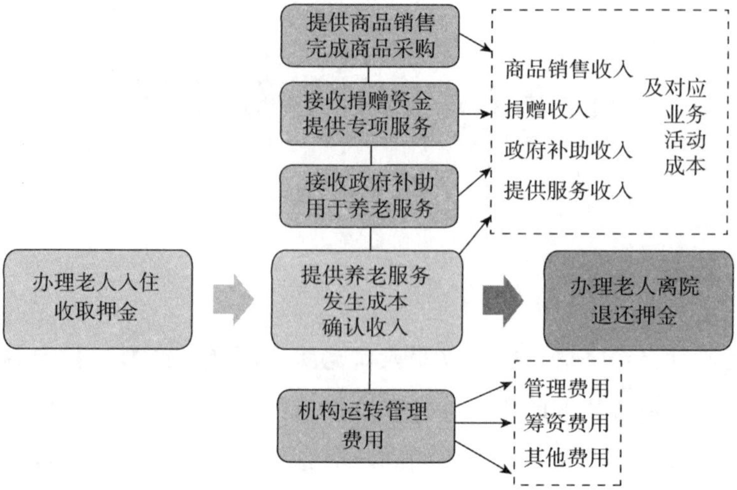

图 1-1　养老机构常规业务循环及其会计核算主要内容

签订《养老服务合同》，明确入住老年人接受的服务内容及质量标准、收费标准及费用的支付方式等重要内容。接下来，入住老年人或其代理人按照合同缴纳款项。

养老机构收取的第一笔款项通常是入住保证金，是在办理入住手续时一次性收取的。收取该笔款项主要是为了便于养老机构在及时处置入住老年人出现的突发情况时支付费用，如支付老人的急救费等。入住保证金的高低一般需要根据入住老年人健康状况、照料护理服务等级等具体情况确定，通常金额在 3 万元以上。

养老机构收取的入住保证金具有担保押金性质，在未来很有可能退还给付款人，故应当在收取时作为一项负债进行核算。因此，养老机构在收取该笔资金时，应当借记“银行存款”账户，贷记“其他应付款——入住保证金”账户，按照入住老年人姓名分别设置明细账户进行明细核算。

【例 1-1】 20×2 年 6 月 29 日，×××爱心养老院为老人张某办理入住手续，按照已签订的《养老服务合同》规定，老人将于 7 月 1 日正式入住该院。当日，该养老院向其子女收取了入住保证金 5 万元。该养老机构应编制会计分录：

借：银行存款　　　　　　　　　　　　　　　　50,000

贷：其他应付款——入住保证金——张某　　50,000

老人入住养老机构通常只需要携带常规日常生活用品及换洗衣物，养老机构则需要为老人配置合适的室内家具、电器、医护设施、出入门卡、水电卡等。为了确保物资的安全完整和使用过程的管理，养老机构也需要收取一定的押金。一般情况下，该押金也会在老人离院时随入住保证金一并办理退还。因此，养老机构在收取该笔资金时，应当记入“其他应付款”账户，并按照入住老年人姓名分别设置明细账户进行明细核算。

【例 1-2】承接【例 1-1】　20×2 年 6 月 29 日，该养老院同时收取了室内家具、电器、医护设施押金 5000 元。该养老机构应编制会计分录：

借：银行存款　　5,000

贷：其他应付款——室内设施押金——张某　　5,000

2. 预收服务费的核算

养老机构在为老年人办理入住手续的过程中，需要根据老年人及其代理人所选择的住宿条件、照料护理等级及服务项目预先收取当月或当季度养老服务费用。养老服务费用通常包括每月的床位费、日常起居服务费、膳食费、其他服务费用。

其中，床位费应包含水电费、空调费、供暖费等居住条件的保障性费用；日常起居服务费主要是指老人居住房间的卫生清扫、衣物清洁等常规居住服务费用；其他服务费用则是由老年人及其代理人规定的定制性服务费用，如代为外出采购、陪同就医、生病护理服务等。

养老机构通常在服务合同中会约定按季、半年为一结算期，办理老人入住手续的同时收取第一期的服务费用，该笔款项属于预收性质。养老机构应在收取该笔资金时，借记“银行存款”账户，贷记“预收账款”账户。同时，按照入住老年人姓名、服务费用项目内容或者收费期限设置明细账户进行明细核算。

【例 1-3】承接【例 1-1】　20×2 年 7 月 1 日，老人张某在家人的陪同下入住养老院。当日，该养老院预收了 7 月期间的养老服务费用 9100

元，包括居住床位费 6500 元、基础护理服务费 1200 元、膳食费 1400 元。该养老机构在收到上述金额时，应编制会计分录：

借：银行存款	9,100
贷：预收账款——张某——居住费	6,500
——护理费	1,200
——膳食费	1,400

此外，养老机构在为老人办理入住手续时，通常还会收取一次性入住安置服务费，主要包括配备水电卡、门卡、床上用品等生活起居必备消耗品的费用。同时，也会按月或按季度代收有线电视费、供暖费等。

【例 1-4】承接【例 1-3】 该养老院同时收取了老人张某入住安置服务费 3000 元和 7—9 月的有线电视费（含网络费）180 元。该养老院应编制会计分录：

借：银行存款	3,180
贷：预收账款——张某——安置服务费	3,000
其他应付款——有线电视费	180

由于老人入住养老机构的时间存在差异，养老机构很难在老人入住时一次性收取各项生活保障费用，因此可以通过设置备查账簿的方式详细记录入住老人各项费用的缴纳情况。

3. 养老服务的收入与成本核算

按照《民间非营利组织会计制度》的要求，养老机构应当遵循权责发生制原则开展提供养老服务所形成的收入和过程中发生的业务活动成本的核算。

养老机构应当按月在当期履约完成服务活动后，月末从预收服务费中确认本期实现的提供服务收入额。养老机构应当设置“提供服务收入”账户，核算机构在开展养老服务业务活动中按期形成的收入，而不应在收取服务费款项时确认收入。

【例 1-5】 ×××养老服务中心在 20×2 年 6 月末，确认当月已经提供的各项养老服务收入，其中膳食费 4.8 万元、护理费 7.6 万元、居住费 16 万元。该机构根据经审核批准的自制“服务收入确认单”单据，应编制会计分录：

借：预收账款——居住费　　160,000

　　　　　　——护理费　　76,000

　　　　　　——膳食费　　48,000

　贷：提供服务收入——居住费　　160,000

　　　　　　　　　——护理费　　76,000

　　　　　　　　　——膳食费　　48,000

养老机构的核心业务活动是围绕老年人的“食、住、医、护、伴”五个方面提供日常服务，配置合理老年营养膳食、保证干净整洁住宿条件、料理老人生活起居、满足常见疾病陪同就医需求这四个方面的服务是养老机构的核心服务内容，其中又以膳食、住宿和料理服务为基础服务工作。

养老机构发生的与上述其提供养老服务相关的物料消耗费、人员薪酬、设备设施损耗等费用均应作为服务业务活动成本进行核算，设置“业务活动成本”账户开展相关会计核算，并按照业务大类或者服务项目分别设置明细账户进行明细核算。养老机构也应在实际发生耗费的当期按照发生额进行业务活动成本核算，不应按照当期支付的结算款金额核算。

养老机构当期提供养老服务所形成的收入与过程中发生的服务业务活动成本形成配比关系。

【例 1-6】承接【例 1-5】　该养老服务中心在 20×2 年 6 月期间按照服务协议为入住老人提供餐食、起居保洁、陪同就医服务，共发生了尚未结算的食材采购费 1.08 万元、服务项目员工工资 8 万元（含个人负担社会保险费 0.375 万元、个人所得税 0.043 万元）、单位负担社会保险费 0.8 万元、报销陪同就医路费 0.026 万元、住房清洁消杀耗材 0.416 万元、设备设施折旧费 2.107 万元。该养老机构在完成成本单据编制、审核、审批的财务手续后，应编制会计分录：

（1）发生果蔬采买费

借：业务活动成本——餐食原料	10,800
贷：应付账款——×××供应商	10,800

（2）计提当月服务项目员工工资

借：业务活动成本——工资	80,000
贷：应付工资	79,570
应交税金——个人所得税	430

（3）计提当月职工社会保险费

借：业务活动成本——社会保险费	8,000
应付工资	3,750
贷：其他应付款——社会保险费	11,750

（4）报销陪同就医路费

借：业务活动成本——本市交通费	260
贷：银行存款（或现金）	260

（5）根据耗材领用单确认当期住房清洁消杀费

借：业务活动成本——住房清洁消杀	4,160
贷：存货——清洁消杀用品	4,160

（6）计提当期设备设施折旧费

借：业务活动成本——折旧费	2,1070
贷：累计折旧——业务设备	2,1070

期末时，养老机构应将当期提供日常养老服务的成本与形成的收入分别转入非限定性净资产。借记“提供服务收入”各明细科目，贷记“净资产——非限定性净资产”科目；同时，借记“净资产——非限定性净资产”科目，贷记“业务活动成本”各明细科目。

4. 运营资助补贴收入与成本核算

当前，我国正处于老龄化发展进程中，国家为了促进和帮助国内养老机构快速、健康地发展，在加强政府监督管理的同时，对优质养老资源提供适当的运营资助专项补贴，该笔款项属于养老机构收到的政府补助收入。

运营资助补贴是地方民政部门根据养老机构的评估审查结果、提供养老服务量数据确定，由行政管理机关直接向养老机构拨付的专项资金，只能用于养老机构水、电、气、热费用支出，从业人员培训和工资发放，消防设施设备购置和改造，老人公共空间和居室设施设备提升改造，老年人能力评估方面。

养老机构收到运营资助补贴款时，应设置“政府补助收入”科目进行单独核算，同时区别于政府购买项目进行核算。如果养老机构承接了所在地区、街道的专项老人健康咨询、帮扶协助等活动而获取的款项，就应作为取得的政府购买项目收入进行核算，计入“提供服务收入”科目。

【例 1-7】 20×2 年 7 月 2 日，×××养老院收到当地民政部门下发的运营资助补贴款 472000 元。该养老院收到拨款后，应编制会计分录：

借：银行存款		472,000
贷：政府补助收入——限定性收入		472,000

养老机构应当根据运营资助补贴款的用途领域要求进行使用，从而在保障本机构正常运转的基础上，提升养老服务和管理能力。养老机构应为运营资助补贴资金设立单独核算科目，在“业务活动成本”总账科目下开设“政府补助支出”明细科目，按照发生的费用支出内容分别进行明细核算。

【例 1-8】承接【例 1-7】 7 月期间，该养老院使用上述资金 30000 元用于装修改善老人公共空间设施，其中装修费用 12000 元、购置健身娱乐小型设施设备 18000 元；支付专项护理人员工资 37200 元。该养老院应编制会计分录：

借：业务活动成本——政府补助支出——空间改造		30,000
——护理工资		37,200
贷：银行存款		67,200

对于具有限定性使用条件的补助资金，在使用过程中应当在开展业务活动成本核算的同时，按照实际使用资金量将相应的限定性净资产转为非

限定性净资产。即，借记“净资产——限定性净资产”科目，贷记“净资产——非限定性净资产”科目。

因此，该养老院应同时编制会计分录：

借：净资产——限定性净资产　　67,200

　贷：净资产——非限定性净资产　　67,200

期末时，养老机构应将政府补助收入转入限定性净资产，借记“政府补助收入”科目，贷记“净资产——限定性净资产”科目。同时，养老机构也应将当期发生的政府补助业务活动成本结转计入“净资产——非限定性净资产”科目。

【例 1-9】承接【例 1-7】、【例 1-8】　7 月末，该养老院结转政府补助收入及开展活动的业务成本，应编制会计分录：

借：政府补助收入——限定性收入　　472,000

　贷：净资产——限定性净资产　　472,000

借：净资产——非限定性净资产　　67,200

　贷：业务活动成本——政府补助支出——空间改造　　30,000

　　　　　　　　　　　　　　　　　——护理工资　　37,200

5. 接受捐赠的收入与成本核算

在社会文明程度不断提升的当下，无论是单位还是个人在满足了自身生存需求的基础上都会更多地参与社会公益互助活动，采取亲身参与或捐赠财物的方式为社会的共同发展贡献力量。养老机构作为人类社会发展不可缺失的重要社会生活领域，也获得了许多公益爱心单位和人士的财物支持。

养老机构在接受其他单位或者个人捐赠的经济资源时，应当设置“捐赠收入”科目进行核算，按照是否存在时间、用途的限定区分为非限定性收入和限定性收入，开设明细科目进行明细核算；取得的对应财产物资按照捐赠协议及公允价值计入其所属资产类别中。

如果资产提供者在捐赠协议中明确对资产的使用设置了时间限制或者（和）用途限制的，则所确认的捐赠收入为限定性收入；除此之外的其他捐赠收入，为非限定性收入。

【例 1-10】 20×2 年 8 月 2 日，×××养老康复中心收到某医疗器械公司捐赠的一批康复耗材，根据双方签订捐赠协议及其公允价值确定该批耗材金额为 560000 元。由于耗材的保质期所限，捐赠协议中明确规定：康复中心应在收到物资之日起的 2 年之内使用完毕，使用期满的剩余产品应全部退还捐赠单位。该中心收到该批捐赠物资时，应编制会计分录：

借：存货——捐赠物资——×××康复耗材　　560,000

　贷：捐赠收入——限定性收入　　560,000

由于该项捐赠具有限定性使用要求，故该养老康复中心应当在 20×2 年 8 月末将捐赠收入结转计入“净资产——限定性净资产”科目。

【例 1-11】承接【例 1-10】 20×2 年 8 月末该养老康复中心结转当期取得捐赠物资形成的收入，应编制会计分录：

借：捐赠收入——限定性收入　　560,000

　贷：净资产——限定性净资产　　560,000

养老机构在使用捐赠财物过程中所发生的耗费，应当根据费用发生的领域、涉及的业务项目分别计入“业务活动成本”“管理费用”等科目。对于具有限定性使用条件的捐赠财物耗费，应同时按照实际使用情况将相应的限定性净资产金额转为非限定性净资产。

【例 1-12】承接【例 1-10】 20×2 年 8 月 31 日，该养老康复中心根据当月出库领用单的登记汇总出本月消耗了该批康复耗材 10200 元。该中心应编制会计分录：

借：业务活动成本——捐赠支出——××康复项目　　10,200

　贷：存货——捐赠物资——×××康复耗材　　10,200

借：净资产——限定性净资产　　10,200

　贷：净资产——非限定性净资产　　10,200

该中心 20×2 年 8 月末应将当期发生的全部业务活动成本结转记入“净资产——非限定性净资产”账户。

【例 1-13】承接【例 1-12】 20×2 年 8 月末该养老康复中心结转当

期发生的捐赠业务活动成本，应编制会计分录：

借：净资产——非限定性净资产　　10,200

　贷：业务活动成本——捐赠支出——××康复项目　　10,200

6. 商品销售的收入与成本核算

养老机构为了方便入住老人的生活和个性化需要，一般会开设小规模的商品超市，提供常规生活用品等商品的销售服务。养老机构应当设置“商品销售收入”科目核算其销售商品等所形成的收入，可以按照销售商品的收入类别设置明细科目，进行明细核算。

按照我国税收法律法规的规定，养老机构取得的销售应税商品收入需要按期申报缴纳增值税及其附加税费。养老机构应当设置“应交税金”科目，按照应纳的税种设置明细科目，进行明细核算。

【例 1-14】 20×2 年 7 月期间，×××养老院商品部共实现商品销售额 6489 元（含税），按照 3%增值税税率计算应纳增值税税额为 189 元。该养老院应编制会计分录：

借：银行存款　　6,489

　贷：商品销售收入　　6,300

　　　应交税金——应交增值税　　189

同时，养老机构应当开设“存货”科目，核算机构在日常业务活动中持有以备出售、提供服务、日常管理过程中耗用的材料、物资、商品等，包括机构管理使用的办公用品及维修品、库存商品，以及达不到固定资产标准的工具、器具等低值易耗品，该科目可以按照存货物资的类别设置明细科目，进行数量金额式明细核算。养老机构从加强物资管理的角度出发，应当采用永续盘存制方式定期开展物资盘点和账面数据核对，并及时核算处理毁损存货。

期末，养老机构应当按照当期库存商品的出售情况结转已销商品成本，并在“业务活动成本”科目下设置“商品销售成本”明细科目加以核算。

【例 1-15】承接【例 1-14】 20×2 年 7 月末，上述养老院结转已销售商品成本 4906 元，应编制会计分录为：

借：业务活动成本——商品销售成本 4,906

　贷：存货 4,906

养老机构应当在每月的月末按照当期应纳增值税和消费税税额计提城市维护建设税、教育费附加费等附加税费，在“业务活动成本”科目下设置“税金及附加”科目核算除增值税以外的业务活动税金费用。

【例 1-16】承接【例 1-14】 20×2 年 7 月末上述养老院按照当期应纳增值税额计提 5%的城市维护建设税 9.45 元。该养老院计提税费时，应编制会计分录：

借：业务活动成本——税金及附加 9.45

　贷：应交税金——应交城市维护建设税 9.45

期末时，养老机构应将当期取得的商品销售收入、发生的销售成本和税费分别结转记入“净资产——非限定性净资产”账户。

【例 1-17】承接【例 1-14】、【例 1-15】、【例 1-16】 20×2 年 7 月末上述养老院结转当期的商品销售收入 6300 元、销售成本 4906 元、税费 9.45 元。该养老院应编制会计分录：

借：商品销售收入 6,300

　贷：净资产——非限定性净资产 6,300

借：净资产——非限定性净资产 4,915.45

　贷：业务活动成本——商品销售成本 4,906

　　　　　　　　——税金及附加 9.45

此外，养老机构可能还会取得其他收入，如确实无法支付的应付款项、存货盘盈、固定资产盘盈、固定资产处置净收入、无形资产处置净收入等。其中，养老机构最常见的其他收入应当是无指定用途的银行存款孳生的存款利息收入，除为购建固定资产而发生的专门借款在允许资本化的期间内产生的利息外，银行存款的利息收入应当计入“其他收入”科目进行会计核算。

【例 1-18】 20×2 年 9 月末，×××养老服务中心收到开户银行转来的第三季度存款利息结算单，取得存款利息收入 1865 元。该中心应编制会计分录：

借：银行存款	1,865
贷：其他收入——利息收入	1,865

养老机构的核心活动是围绕养老服务业务而取得提供服务收入、政府补贴收入、接受捐赠收入和商品销售收入，同时发生为开展上述活动而发生的成本费用消耗。但是，作为独立运转的法人机构而言，养老机构也需要发生机构管理、安全防护、日常办公等费用消耗，其运转管理费用主要包括管理费用、筹资费用和其他费用。

7. 管理费用的核算

养老机构为组织和管理其业务活动也会发生各项费用，包括理事会经费和行政管理人员的工资、奖金、津贴、福利费、住房公积金、住房补贴、社会保障费、离退休人员工资与补助，以及日常办公费、水电费、邮电费、物业管理费、差旅费、折旧费、修理费、无形资产摊销费、存货盘亏损失、管理领域税费、因预计负债所产生的损失、聘请中介机构费和应偿还的受赠资产等。

养老机构应当设置“管理费用”科目进行会计核算，按照费用项目分别设置明细科目进行明细核算。同时，开设“待摊费用”账户，用于核算单位已经支出、但应当由本期和以后各期分别负担的分摊期在 1 年以内（含 1 年）的各项费用，如预付保险费、预付租金等；设置“预提费用”账户，核算单位按照规定预先提取的已经发生但尚未支付的费用，如预提的水电费、借款利息等费用类型。

【例 1-19】 20×2 年 3 月 18 日，×××养老康复中心缴纳 20×2 年 4 月至 20×3 年 3 月期间的物业管理费 54000 元。该中心应编制会计分录：

借：待摊费用——物业管理费	54,000
贷：银行存款	54,000

该养老康复中心应当按照权责发生制原则要求，在20×2年4月至20×3年3月期间每月月末摊销当期应负担的物业管理费，并编制会计分录：

借：管理费用——物业管理费　4,500

　贷：待摊费用——物业管理费　4,500

养老机构本期发生的人员的工资等人工费、水电费、设备折旧费、修理费、安全防护费等，均应按照费用的发生部门归集为当期成本、费用，应由服务业务负担的费用计入“业务活动成本”科目，应由管理部门承担的费用计入“管理费用”科目。

【例1-20】　20×2年5月底，×××养老院按照当月水、电表显示数字计提本月水电费2730元，其中管理部门费用为310元，其余为养老服务活动成本。该中心应编制会计分录：

借：管理费用——水电费　310

　　业务活动成本——×××成本——水电费　2,420

　贷：预提费用——水电费　2,730

养老机构聘请中介机构发生的服务费，通常采取分次支付方式进行结算。为了便于及时核算货币资金的支付且如实反映费用的归属期，养老机构应设置“预付账款”账户，核算单位预付给商品供应单位或者服务提供单位的款项。

【例1-21】　20×2年4月6日，×××养老服务中心依据年度报表审计业务约定书向会计师事务所预付50%审计服务费3000元。该中心应编制会计分录：

借：预付账款——×××会计师事务所　3,000

　贷：银行存款　3,000

20×2年5月6日，×××养老服务中心在收到年度报表审计报告后支付剩余50%的服务费并收到了审计费用发票，则应编制会计分录：

借：管理费用——审计服务费　6,000

　贷：银行存款　3,000

　　　预付账款——×××会计师事务所　3,000

养老机构每月发生的工资总额（包括各种工资、奖金、津贴等）以及社会保险费、住房公积金，不论是否在当月支付，都应当按月计提各期成本、费用，并通过“应付工资”“其他应付款”科目进行核算。但是，养老机构发生的员工福利费、职工培训费、临时劳务费应当按照机构制定的相关规定据实列支。

【例 1-22】 20×2 年 5 月期间，×××养老康复中心的 2 名财务人员参加了当年的会计人员继续教育培训，成绩合格后报销了培训费 180 元。该中心应编制会计分录：

借：管理费用——职工培训费	180
贷：银行存款	180

养老机构也应当在每年内开展专业护理人员的技能培训，以提升机构的专业服务水平。由于该部分技能培训费往往是使用政府拨付的运营资助补贴款支付，养老机构应将培训费计入“业务活动成本——政府补助支出”科目核算。

【例 1-23】 20×2 年 5 月 20 日，×××养老服务中心支付单位车辆 20×2 年 6 月至 20×3 年 5 月期间的保险费 18000 元，并缴纳车船使用税 1360 元。该中心应编制会计分录：

借：管理费用——车船使用税	1,360
待摊费用——车船保险费	18,000
贷：银行存款	19,360

【例 1-24】 20×2 年 5 月末，×××养老院从开户银行取回当月收支款项业务回单，其中银行扣收网银证书费 200 元。该养老院应编制会计分录：

借：管理费用——银行手续费	200
贷：银行存款	200

期末时，养老机构应将当期确认发生的管理费用转入非限定性净资产，借记“净资产——非限定性净资产”科目，贷记“管理费用”各明细科目。

8. 筹资费用的核算

养老机构在筹集开展业务活动所需资金的过程中，需要发生相关手续费、募集费用等内容，如发生筹措捐赠资金等业务。养老机构应当在发生相关费用时，设置“筹资费用”科目进行会计核算，按照费用项目分别设置明细科目进行明细核算，其核算的内容包括该机构募集资金而举办的活动费用、印刷和发放募款宣传资料费以及其他与募款或者争取捐赠资产有关的费用，还有按照权责发生制原则应当计入当期的借款费用、银行汇兑损失（减汇兑收益）等内容。

【例 1-25】　20×2 年 7 月期间，×××养老院入住老人共同自愿捐资，在本养老院业务范围内设立了用于“家庭困难老人特殊护理”基金。该养老院为此支付了宣传片制作费 14500 元、律师咨询费 4500 元、线上募捐平台注册使用费 8000 元。该机构在发生有关业务后，应编制会计分录：

（1）支付宣传片制作费

借：筹资费用——特殊护理基金——宣传费	14,500
贷：银行存款	14,500

（2）支付律师咨询费

借：筹资费用——特殊护理基金——律师费	4,500
贷：银行存款	4,500

（3）支付平台注册使用费

借：筹资费用——特殊护理基金——平台费	8,000
贷：银行存款	8,000

期末时，养老机构应将当期确认发生的筹资费用转入非限定性净资产，借记“净资产——非限定性净资产”科目，贷记“筹资费用”各明细科目。

9. 其他费用的核算

养老机构对于已经发生的、无法归属于业务活动成本、管理费用或筹资费用中的费用金额均应作为其他费用的核算内容，通常会包括固定资产处置净损失、罚没支出、所得税费用、对外捐赠支出等。养老机构应当在实际发生其他费用业务时，按其业务的实际发生额进行会计核算，计入当期费用。

【例 1-26】 20×2 年 8 月期间，×××养老院因在政府专项卫生检查中存在部分指标不达标情况，在收到整改通知书的同时缴纳了罚款 4000 元。该中心应编制会计分录：

借：其他费用——罚没支出	4,000
贷：银行存款	4,000

【例 1-27】 20×2 年 9 月 16 日，×××养老照料中心经理事会会议决定，变卖清理一批今年 3 月份已经更换的、使用期限较长的起居室家具。该批家具原价 160000 元，已计提折旧额 133000 元，取得变卖收入 6180 元，应缴纳增值税 120 元。该中心应编制会计分录：

（1）结转待变卖清理固定资产账面价值

借：固定资产清理	27,000
累计折旧	133,000
贷：固定资产	160,000

（2）取得变卖收入

借：银行存款	6,180
贷：固定资产清理	6,180

（3）计提应缴纳增值税

借：固定资产清理	120
贷：应交税金——应交增值税	120

（4）结转固定资产处置净损失

借：其他费用——固定资产处置净损失	20,940
贷：固定资产清理	20,940

【例 1-28】 20×2 年 10 月 14 日，×××养老服务中心计提应缴纳的第二季度所得税 1682 元。该中心应编制会计分录：

借：其他费用——所得税费用　　1,682

　贷：应交税金——应交企业所得税　　1,682

目前，我国部分养老机构不仅能较好地提供社会养老、助老服务，而且能主动参与社会公益救助活动，特别是在国家或地区出现重大疫情、灾情时会捐赠财物。

【例 1-29】　20×2 年 11 月 22 日，×××养老康复中心通过银行转账方式向中国红十字会特定扶贫项目账号捐赠资金 100000 元。该中心应编制会计分录：

借：其他费用——对外捐赠　　100,000

　贷：银行存款　　100,000

期末时，养老机构应将当期确认发生的其他费用转入非限定性净资产，借记“净资产——非限定性净资产”科目，贷记“其他费用”各明细科目。

10. 服务环境改造的核算

为了更好地提供便捷、有效、精准的养老服务，养老机构需要通过运用信息化系统及时跟踪老年人的生活、起居、外出、就医等情况，智能化地作出恰当的分析和评价，以方便适时开展服务。这些功能的实现，养老机构不仅必须购置设备、软件，而且需要开展一系列工程完成整体环境改造。

养老机构购置、建造的有形资产同时具有以下特征的，均应作为固定资产进行会计核算：

（1）为行政管理、提供服务、生产商品或者出租目的而持有的；

（2）预计使用年限超过 1 年；

（3）单位价值较高。

养老机构外购的固定资产，按照实际支付的买价、相关税费以及为使固定资产达到预定可使用状态前所发生的可直接归属于该固定资产的其他支出（如运输费、安装费、装卸费等）确定其成本；自行建造的固定资产，按照建造该项资产达到预定可使用状态前所发生的全部必要支出确定其成本。

【例 1-30】 20×2 年 7 月 22 日，×××养老康复中心从某家进口医疗设备企业指定采购了一台特殊功能的康复设备，设备合同价格 106 万元，发生运输费 4 万元、安装调试费 3 万元，设备当期已投入使用。该中心应编制会计分录：

借：固定资产——康复设备——专用 1,130,000

　贷：银行存款 1,130,000

【例 1-31】 ×××养老服务中心启动空气净化工程，20×2 年 5 月 18 日起在老年人生活、起居楼房中安装新风系统，工程预计 7 月底结束。5 月 18 日，向工程施工方转账支付 30%款项 24 万元；6 月 15 日，中期验收通过后，再次支付 30%款项 24 万元；7 月 25 日，经监理单位和空气质量检测单位共同验收合格后，支付剩余 40%款项 32 万元，并同步投入使用。该中心应编制会计分录：

（1）5 月 18 日，支付工程首笔款

借：在建工程——新风系统工程 240,000

　贷：银行存款 240,000

（2）6 月 15 日，支付工程第二笔款

借：在建工程——新风系统工程 240,000

　贷：银行存款 240,000

（3）7 月 25 日，支付工程尾款

借：在建工程——新风系统工程 320,000

　贷：银行存款 320,000

同时，投入使用应编制分录：

借：固定资产——新风系统工程 800,000

　贷：在建工程——新风系统工程 800,000

养老机构采购的与固定资产无法分离应用和计价的软件，均应作为购入固定资产的成本进行会计核算。

养老机构应当对固定资产计提折旧，在固定资产的预计使用寿命内系统地分摊固定资产的成本，根据固定资产的性质和消耗方式合理地确定固定资产的预计使用年限和预计净残值。

养老机构应当按照固定资产所含经济利益或者服务潜力的预期实现方式选择折旧方法。通常，养老机构采用的折旧方法为年限平均法。计算公式为：

折旧额总额 = 原值×（1−净残值率）

年折旧额 = 折旧额总额÷预计使用年限

月折旧额 = 年折旧额÷12

养老机构应当按月提取折旧，当月增加的固定资产，当月不提折旧，从下月起计提折旧；当月减少的固定资产，当月照提折旧，从下月起不提折旧。

【例 1−32】承接【例 1−31】　该养老服务中心预计投入使用的空气净化工程使用年限为 15 年，预计净残值为 5%，采用年限平均法计提折旧。该中心应自 8 月份开始计提每月折旧额：

折旧额总额 = 800000×（1−5%）= 760000（元）

月折旧额 = 760000÷15÷12 = 4222（元）【近似值】

每月应编制会计分录：

借：业务活动成本——折旧费	4,222
贷：累计折旧——新风系统工程	4,222

养老机构如果拥有用于展览、教育或研究等目的的历史文物、艺术品以及其他具有文化或者历史价值并作长期或者永久保存的典藏等，作为固定资产核算，但不必计提折旧。在资产负债表中，应当单列“文物文化资产”项目予以单独反映。

养老机构单独购置的提升养老服务能力的软件系统，应按照实际支付的价款确定其成本，计入“无形资产”科目，并按照软件名称开设明细科目进行明细核算；自取得当月起在预计使用年限内分期平均摊销，按照应提取的摊销金额，借记“管理费用”科目，贷记“无形资产”科目。接受捐赠而形成的无形资产，请参照本章“5. 接受捐赠的收入与成本核算”内容进行会计核算。

11. 退还入住押金的核算

养老机构给离开本单位的老人办理相关离院手续业务时，应当采取银行转账方式向老人及其家属退还入住保证金及其他使用设施设备押金。

【例 1-33】 20×2 年 10 月 30 日，×××养老康复中心经与家属充分沟通、确认后，为成功康复的老人李某办理了离院手续，通过网上银行系统转账退还设施设备押金 2000 元、入住保证金 50000 元。该中心应编制会计分录：

借：其他应付款——入住保证金 50,000

——设备的押金 2,000

贷：银行存款 52,000

如果养老机构是在月初或月中为老人办理相关离院手续，一般还会按照实际服务天数扣除已经提供的各项服务费用后，退还结余的预收服务费。

【例 1-34】 20×2 年 9 月 10 日，×××养老院为选择其他养老方式的老人办理离院手续，除退还入住保证金和设施设备押金外，还退还预收服务费 4300 元，应编制会计分录：

借：预收账款 4,300

贷：银行存款 4,300

至此，本章完整展示了养老机构从接收入住老人到办理老人离院的整个业务过程，围绕养老机构所发生的常规业务活动循环及其会计核算进行了梳理。

第二章　财务管理规范

——以《北京市民办非营利养老服务机构财务管理办法》为例

引言：

为深入贯彻落实《国务院办公厅关于推进养老服务发展的意见》和北京市政府《关于加快推进养老服务发展的实施方案》等要求，2021 年 2 月 1 日，北京市财政局、北京市民政局联合印发了《北京市民办非营利养老服务机构财务管理办法》（京财社〔2021〕199 号）。

在养老产业蓬勃发展的今天，我国各省市目前尚无针对民办非营利养老服务机构的财务管理办法和财务管理制度，北京市推出《北京市民办非营利养老服务机构财务管理办法》（以下简称《管理办法》）实属全国首创，弥补了制度空白。

《管理办法》将规范并督促广大民非养老机构规范会计秩序、提高会计信息质量、采取有效内控措施，促进实现强基础、严监管、防风险的目标，推动加强民非养老机构科学化、规范化、精细化管理的制度创新，对促进北京市民非养老机构健康有序发展起到保驾护航作用，并将对国家今后在其他行业统一会计制度的落实起到示范引领作用。

《管理办法》共十三章六十条，包括总则、会计机构与会计人员、会计核算、收入管理、费用管理、资产管理、负债管理、净资产管理、票据管理、档案管理、监督管理、法律责任、附则等。

本章采用问答的形式，以 71 个问题及答案，对《管理办法》进行了详细深入的解读，给民非养老机构的财务管理人员提供了执业的依据，便于民非养老机构财务人员在实操过程中准确理解政策，严格执行政策。

一、基础管理

1. 为什么要制定《管理办法》

答：依据《管理办法》第一条：为规范民办非营利养老服务机构（以下简称非营利养老服务机构）财务行为，加强非营利养老服务机构财务管理，根据《中华人民共和国会计法》《民办非企业单位登记管理暂行条例》《养老机构管理办法》《民间非营利组织会计制度》《〈民间非营利组织会计制度〉若干问题的解释》《会计基础工作规范》等有关法规政策以及财政部有关内部控制规范的相关要求，制定本办法。

非营利养老服务机构，是目前北京养老市场上的主力军。据调研，截至 2021 年 2 月，北京市养老服务机构近 2000 家（包括养老院、街道乡镇养老照料中心、社区养老服务驿站），其中非营利养老服务机构超过 800 家，占 40%以上，成为养老服务供给的主力军。

但是，在会同民政部门的日常检查中发现，北京市民非养老机构普遍存在财务机构不健全、内控欠缺、会计核算不规范等问题，以及对有关法律法规、政策规定理解得不够精准深入，这些问题亟待通过制定推行标准的《管理办法》来给予规范指导。

随着政府对养老服务机构扶持力度的加大，给予养老机构安排财政资金投入增加，用于养老服务机构的建设支持、运营补贴、政府购买服务等。而民非养老机构财务管理现状，已不能满足财政资金安全管理及确保绩效的要求，严重影响监督检查的开展，存在极大的风险和隐患。制定和推行标准的《管理办法》是确保财政资金安全和提升资金绩效的必要保障。

2. 制定和执行《管理办法》的意义是什么

答：《管理办法》是《中华人民共和国会计法》《民间非营利组织会计制度》《〈民间非营利组织会计制度〉若干问题的解释》等财务管理法

律法规在养老服务行业的具体落实。通过政策解读和持续实施，一是使现有民办非营利养老服务机构充分认知并理解《管理办法》，规范财务行为，加强财务管理；二是为筹备新设的民办非营利养老服务机构作为开立机构的基础性政策文件，夯实财务管理基础；三是使有意向进入养老服务市场的各类社会资本，提前了解民办非营利养老服务机构的财务管理要求；四是明确各级财政、民政等部门对民办非营利养老服务机构的服务管理职责，协同指导民办非营利养老服务机构财务管理工作并开展有效的监督管理。

3. 什么类型的养老机构要执行《管理办法》

答：第一必须是非营利养老服务机构，第二必须是在北京市（区）民政部门登记注册并备案的，第三必须是提供全日制集中住宿和看护服务的，第四是床位数在 10 张以上的机构。

依据《管理办法》第二条：本办法适用对象为市、区民政部门登记注册并在区民政部门备案的为老年人提供全日集中住宿和照料护理服务，床位数在 10 张以上的非营利养老服务机构。

4. 发现非营利养老服务机构不执行《管理办法》，应当由谁承担责任

答：应当由法定代表人承担法律责任，会计承担相应的执行责任。

依据《管理办法》第三条：非营利养老服务机构法定代表人或者负责人对会计工作和会计资料真实性、完整性负责，并对本单位内部会计控制的建立健全及有效实施负责。

在调研中发现：有些民非养老机构的法定代表人或负责人，只埋头抓运营，认为财务管理只要会计记好账就行，上述这一条的规定提醒法定代表人或负责人，内部控制和财务管理如果出现漏洞，也是法定代表人或负责人要承担的责任。

5.《管理办法》管理的是什么

答：依据《管理办法》第四条：非营利养老服务机构财务管理的主要

任务：（一）建立健全内部财务管理制度，加强财务监督，保障经费使用合法合规。（二）认真执行《民间非营利组织会计制度》（含解释），及时、准确、完整地进行会计核算，编制财务预决算和财务会计报告，真实反映单位财务状况，开展财务分析。（三）加强财产物资管理，维护资产的完整和安全，防止资产流失和浪费。（四）提高资金使用效率，降低费用，节约开支。

第五条：非营利养老服务机构应当根据国家有关法律、行政法规和内部会计控制规范，结合本单位实际，制定相适应的内部会计控制制度，加强内部会计监督，提高会计信息质量和管理水平。

6. 非营利养老服务机构可以委托外部单位代理记账吗

答：可以。

依据《管理办法》第六条：非营利养老服务机构应当根据会计业务的需要，设置会计机构，或者在有关机构中设置会计人员并指定会计主管人员；不具备设置条件的，应当委托经批准设立从事会计代理记账业务的中介机构代理记账。

委托的代理记账机构应当是经财政部门批准设立、具备从事会计代理记账业务资质的中介机构。代理记账机构及人员需要熟悉《民间非营利组织会计制度》及《〈民间非营利组织会计制度〉若干问题的解释》。

7. 非营利养老服务机构的会计人员需要具备什么条件

答：具备专业的职业素养，遵守职业道德，熟悉法律法规，特别是熟悉《民办非企业单位登记管理暂行条例》《养老机构管理办法》《民间非营利组织会计制度》《〈民间非营利组织会计制度〉若干问题的解释》以及本《管理办法》。选聘会计最直接的办法：可以看看其是否持有会计从业资格证或财会行业相关的职称证书；另外可在税务局网站（或服务大厅）查询其是否担任其他企事业单位的会计，是否有不良记录等。

依据《管理办法》第七条：非营利养老服务机构会计人员应当遵守

《中华人民共和国会计法》等法律法规和国家统一的会计制度，具备良好的职业道德，按照国家有关规定参加继续教育，具备从事会计工作所需要的专业能力。

8. 为了节约成本和提高工作效率，非营利养老服务机构的后勤、人事、会计和出纳可以由一个人担任吗

答：会计和出纳不可以由同一人担任，后勤和人事可以兼任。

依据《管理办法》第八条：会计和出纳人员应实行岗位分设，不得兼任。出纳人员不得兼任稽核、会计档案保管和收入、支出、费用、债权债务账目的登记工作。

在调研中发现，会计和出纳由一人兼任，出现过虚报工资、私自转账、挪用公款等违法违规现象。非营利养老服务机构出于节约成本费用等因素，采用一人多岗，充分发挥人均工作效率是合理的，会计可以兼任后勤、人事等其他管理岗位，但是会计和出纳必须由不同人员分别担任，才能保证内部牵制。

9. 某非营利养老服务机构是夫妻店（财务负责人是院长的妻子）；某非营利养老服务机构的会计是院长的女儿；某非营利养老服务机构的会计负责人和出纳是母女，这样的岗位设置合法吗

答：不合法。

依据《管理办法》第九条：单位法定代表人或者负责人的直系亲属不得担任本单位的会计机构负责人、会计主管人员。会计机构负责人、会计主管人员的直系亲属不得在本单位会计机构中担任出纳工作。

《会计基础工作规范》第十六条规定：单位领导人的直系亲属不得担任本单位的会计机构负责人、会计主管人员。会计机构负责人，会计主管人员的直系亲属不得在本单位会计机构中担任出纳工作。

需要回避的直系亲属为：夫妻关系、直系血亲关系、三代以内旁系血亲以及配偶亲关系。

依据《中华人民共和国会计法》第四十二条规定，任用会计不符合本法规的，由县级以上人民政府财政部门责令限期改正，可以对单位并处三千元以上五万元以下的罚款；对其直接负责的主管人员和其他直接责任人员，可以处二千元以上二万元以下的罚款。

10. 财务会计嫌工资低，没打招呼就离职走了，这该怎么办

答：应要求财务会计立即办理相关交接离职手续。如签订劳动合同，可依据合同进行追责。

依据《管理办法》第十条：非营利养老服务机构财会人员工作调动或离职时，必须按规定与接管人员办清交接手续。一般会计人员办理交接手续，由会计机构负责人（会计主管人员）监交；会计机构负责人（会计主管人员）办理交接手续，由单位负责人监交，必要时备案的民政部门可以派人会同监交。

《中华人民共和国会计法》第四十一条规定：会计人员调动工作或离职，必须与接管人员办清交接手续。

一般会计人员办理交接手续，由会计机构负责人（会计主管人员）监交；会计机构负责人（会计主管人员）办理交接手续，由单位负责人监交，必要时主管单位可以派人会同监交。

会计人员调动工作或者离职时，与接管人员办清交接手续，是会计人员对工作应尽的职责，也是分清移交人员和接管人员责任的重大措施。办好会计交接工作，可以使会计工作前后衔接，保证会计工作连续进行；同时也可以防止账目不清，财务混乱，给不法分子以可乘之机。

非营利养老服务机构应加强对财务会计人员的职业道德教育，提高法律意识，严格执行内部控制制度，杜绝这类事件发生。在与员工签订劳动合同时应做好相应的约束条款，如员工擅自离职给单位造成损失的，可依据《中华人民共和国劳动法》及劳动合同进行追责。

11. 财务人员离职时擅自删除了电脑里的财务资料，这该怎么办

答：这种行为属于“未按照规定保管会计资料，致使会计资料毁损、

灭失的行为”，已涉嫌违法，应立即警告并要求财会人员恢复数据，必要时向司法部门报告。

依据《中华人民共和国会计法》第四十二条：“……（八）未按照规定保管会计资料，致使会计资料毁损、灭失的；……

有前款所列行为之一，构成犯罪的，依法追究刑事责任。”

非营利养老服务机构应加强对会计凭证、会计账簿、财务会计报告和其他会计资料的管理，应当建立档案，妥善保管。对于未按照国家规定的期限、方式和要求保管会计资料，致使会计资料毁损、灭失的，应当追究有关个人的法律责任。

12. 审计非营利养老服务机构时发现记账凭证都没有签字，也没有及时装订，这算违规吗

答：这是违规的。

依据《管理办法》第十一条：非营利养老服务机构应按照《中华人民共和国会计法》《民间非营利组织会计制度》（含解释）等规定，设置会计科目，登记会计账簿，进行会计核算，编制财务会计报告，有条件的应实行会计电算化管理。

登记会计账簿，必须以经过审核的会计凭证为依据。

记账凭证应当根据经过审核的原始凭证及有关资料编制。

非营利养老服务机构的会计核算仍然是以《中华人民共和国会计法》为基本依据的，记账凭证必须经过“经手、复核、记账”等相关人员审核签字才可以登记入账。

13. 非营利养老服务机构的会计可以根据合同作为入账依据吗

答：不可以。

依据同本章 12 问的答案：登记会计账簿，必须以经过审核的会计凭证为依据。

14. 非营利养老服务机构的会计核算应当采用收付实现制还是权责发生制

答：权责发生制。

依据《管理办法》第十二条：会计核算应当以非营利养老服务机构持续经营为前提，以权责发生制为基础，采用借贷记账法。会计核算应当划分会计期间，分期结算账目和编制财务会计报告。

非营利养老服务机构应按照《中华人民共和国会计法》《民间非营利组织会计制度》（含解释）等规定进行会计核算，不能只按照现金的实际收支记账，应当按照权责发生制核算当期的资产负债和损益变动。

15. 非营利养老服务机构可以一年只记一次账，出一次年度财务报表吗

答：不可以。

依据《民间非营利组织会计制度》第五条：会计核算应当划分会计期间，分期结算账目和编制财务会计报告。

依据《会计基础工作规范》会计核算应当按月份、年度分期结算账目和编制会计报表。

在实际工作中，出纳人员应当每天登记现金和银行日记账，会计人员应当及时对发生的业务进行记账，每月结清账簿、装订凭证，做到日清月结。

16. 非营利养老服务机构可以采用《小企业会计准则》或《政府会计制度》进行财务核算吗

答：不可以。

依据财政部关于印发《民间非营利组织会计制度》的通知（财会〔2004〕7号），非营利养老服务机构执行《民间非营利组织会计制度》《〈民间非营利组织会计制度〉若干问题的解释》。

17. 在调研中发现，某非营利养老服务机构为了冲抵费用，有虚列工资的现象，这是违规的吗

答：这是违规的。

依据《管理办法》第十三条：会计核算应当以非营利养老服务机构实际发生的交易或者事项为对象，记录和反映单位本身的各项业务活动。

任何单位不得以虚假经济业务事项或者资料进行会计核算。

非营利养老服务机构的这种行为属于违法行为，依据《中华人民共和国会计法》第四十三条："伪造、变造会计凭证、会计帐簿，编制虚假财务会计报告，构成犯罪的，依法追究刑事责任。"

18. 非营利养老服务机构的印章没有进行登记备案，是否可以使用

答：不可以。

依据《管理办法》第十四条：非营利养老服务机构开立、变更银行账号和刻制财务专用章等事宜应报登记管理机关备案。

非营利养老服务机构在运营中如确实需要开立（变更）其他银行账号、刻制财务专用章等，一定要到相关登记管理机关备案。且对增加的其他财务章严格管理，实行使用登记。

19. 非营利养老服务机构的银行账户是否可以收取与本单位业务无关的资金

答：不可以。

依据《管理办法》第十五条：非营利养老服务机构银行账户只限本单位会计核算使用，不得向其他个人或单位出借、出租。

20. 非营利养老服务机构为了日常收支方便，以院长的名义开了一张银行卡，私设小金库，收取与业务相关的收入，这是违规的吗

答：这是违规的。

依据《管理办法》第十六条：非营利养老服务机构所有财务收支应当

全部纳入本单位财务账户统一管理、统一核算，不得建立账外账。

非营利养老服务机构应该严格执行财务制度，加强内部控制，机构的负责人更应该廉洁自律，杜绝公户与私户混用、杜绝小金库及账外账。

二、收入管理

21. 非营利养老服务机构收到某企业的 20 万元捐款，这是应税收入还是非应税收入？非应税收入也要申报吗

答：这属于非应税收入，也需要进行收入申报，但不需要缴纳增值税及附加税。

依据《管理办法》第十七条：非营利养老服务机构的收入必须合法取得。按其来源分为捐赠收入、提供服务收入、政府补助收入、商品销售收入、投资收益以及其他收入等。

记账时应严格区分应税收入和非应税收入，不得混淆，各项应税收入，要按照税收法律、行政法规等规定办理纳税申报。

《民间非营利组织会计制度》第五十八条：收入是指民间非营利组织开展业务活动取得的、导致本期净资产增加的经济利益或者服务潜力的流入。收入应当按其来源分为捐赠收入、会费收入、提供服务收入、政府补助收入、投资收益、商品销售收入等主要业务活动收入和其他收入等。

22. 某非营利养老服务机构利用院长的社会影响力，让周边企业每年赞助固定金额的钱，这属于违规摊派吗

答：这是违规的。

依据《管理办法》第十八条：非营利养老服务机构接受社会捐赠应坚持自愿和无偿的原则，不得强行或者变相摊派，不得接受附加利益回报条件的捐赠。

非营利养老服务机构接受社会捐赠应当每年向民政部门报告接受捐赠的有关情况，并应当将有关情况以适当方式向社会公布。

非营利养老服务机构接受境外捐赠时，应作为重大事项向民政部门报告，不得接受附加违反法律法规和违背社会公德条件的捐赠。

23. 某企业向非营利养老服务机构捐赠 100 万元，但要求每年免费提供一定数量的养老床位，这算附加利益回报条件的捐赠吗

答：这算附加利益回报条件的捐赠，是违规的。

依据《管理办法》第十八条：非营利养老服务机构接受社会捐赠应坚持自愿和无偿的原则，不得强行或者变相摊派，不得接受附加利益回报条件的捐赠。

24. 非营利养老服务机构的收费标准应如何确定

答：依据《管理办法》第十九条：非营利养老服务机构收取经营服务性收费应当遵循自愿、公平、公开的原则，收费标准应向社会公示。

25. 非营利养老服务机构用业务活动收入购买了股票、债券、黄金珠宝，哪项支出是不合规的

答：都是不合规的。

依据《管理办法》第二十条：非营利养老服务机构各项收入除用于自身有关的、合理的支出外，应当全部用于章程规定的非营利事业。

三、费用管理

26. 非营利养老服务机构的费用分什么类目核算

答：依据《管理办法》第二十一条：非营利养老服务机构的费用可分为业务活动成本、管理费用、筹资费用和其他费用。

非营利养老服务机构可根据上述类目并结合自身的具体情况设置费用明细科目进行财务核算。

27. 非营利养老服务机构在运营中经常有不能取得正式发票的情况，就找了其他发票代替支出记账，这是违规的吗

答：这是违规的。

依据《管理办法》第二十二条：非营利养老服务机构的费用必须真实、合法，凡取得的增值税发票必须通过“国家税务总局全国增值税发票查验平台”查验属实后方可报销入账。不得用虚假发票、白条或不真实的发票入账。

非正常途径取得的发票等单据，不能真实地反映非营利养老服务机构的交易事项和业务活动，会对非营利养老服务机构的会计核算产生误导。如果利用其他发票等单据虚列费用支出，从非营利养老服务机构套取现金，则涉及更加严重的违法违纪。依据《中华人民共和国会计法》第四十三条：伪造、变造会计凭证、会计帐簿，编制虚假财务会计报告，构成犯罪的，依法追究刑事责任。

28. 非营利养老服务机构的经费支出应该由谁审批

答：应当依据非营利养老服务机构财务管理制度中规定的审批岗位及责任人审批签字。

依据《管理办法》第二十三条：非营利养老服务机构必须建立健全内部会计监督制度，明确各项经费开支范围和标准、审批程序和权限并应严格执行。

非营利养老服务机构必须建立健全会计制度，在制度中明确经费支出的审核权限和审批岗位，依据制度管理而不是依靠个人来管理。

29. 非营利养老服务机构的哪些经费（收入）需要单列明细科目核算

答：政府补助（补贴）、政府购买服务收入。

依据《管理办法》第二十四条：非营利养老服务机构接收的政府补助（补贴）专项经费应按补助（补贴）名称单列明细科目核算，使用时必须执行国家有关部门的规定单独核算、专款专用，不得超出使用范围和标

准。期末结余列入限定性净资产管理。

第二十五条：非营利养老服务机构承接政府购买服务取得的收入，应按项目单列科目核算。根据提供服务的实际需要，按照非营利养老服务机构适用的财务管理制度支配和使用。

《民间非营利组织会计制度》第五十八条中的七项收入，也应列明细科目核算：

（一）捐赠收入是指民间非营利组织接受其他单位或者个人捐赠所取得的收入。

（二）会费收入是指民间非营利组织根据章程等的规定向会员收取的会费。

（三）提供服务收入是指民间非营利组织根据章程等的规定向其服务对象提供服务取得的收入，包括学费收入、医疗费收入、培训收入等。

（四）政府补助收入是指民间非营利组织接受政府拨款或者政府机构给予的补助而取得的收入。

（五）商品销售收入是指民间非营利组织销售商品（如出版物、药品等）等所形成的收入。

（六）投资收益是指民间非营利组织因对外投资取得的投资净损益。

民间非营利组织如果有除上述捐赠收入、会费收入、提供服务收入、政府补助收入、商品销售收入、投资收益之外的其他主要业务活动收入，也应当单独核算。

（七）其他收入是指除上述主要业务活动收入以外的其他收入，如固定资产处置净收入、无形资产处置净收入等。

30. 非营利养老服务机构接受捐赠的资产可以随意使用吗

答：不可以。

非营利养老服务机构接受捐赠的资产属于限定性资产，要按照限定的时间、用途使用。

依据《管理办法》第二十六条：非营利养老服务机构接收的捐赠资

产，应在章程规定的宗旨和业务范围内，根据与捐赠人约定的期限、方式和用途进行使用管理，并及时向社会公开捐赠资产的使用管理情况。

31. 非营利养老服务机构投资设立其他养老机构，算是长期投资吗？允许资本化吗

答：不算长期投资，不允许资本化。

依据《〈民间非营利组织会计制度〉若干问题的解释》："十一、关于出资设立其他民间非营利组织

（一）民间非营利组织按规定出资设立其他民间非营利组织，不属于《民非制度》规定的长期股权投资，应当计入当期费用。设立与实现本组织业务活动目标相关的民间非营利组织的，相关出资金额记入'业务活动成本'科目；设立与实现本组织业务活动目标不相关的民间非营利组织的，相关出资金额记入'其他费用'科目。

（二）本解释施行前民间非营利组织出资设立其他民间非营利组织并将出资金额计入长期股权投资的，应当自本解释施行之日，将原'长期股权投资'科目余额中对其他民间非营利组织的出资金额转入'非限定性净资产'科目（以前年度出资）或'业务活动成本''其他费用'科目（本年度出资）。"

四、资产管理

32. 非营利养老服务机构院长把本单位的房产（车辆）过户到自己名下，这是违规的吗

答：这是违规的。

依据《管理办法》第二十七条：非营利养老服务机构的资产来源必须合法，发起人不享有对资产的所有权。任何单位和个人不得侵占、私分或者挪用非营利养老服务机构的资产。

33. 非营利养老服务机构的资产管理分为流动资产、固定资产、无形资产等类别进行管理，这是正确的吗

答：这是正确的。

各类资产性质不同，管理方式也应不同。

依据《管理办法》第二十八条：非营利养老服务机构应当对资产实行分类管理，建立健全资产管理制度。

34. 非营利养老服务机构也要建立相关的资产管理制度吗

答：是的。

依据《管理办法》第二十九条：非营利养老服务机构应加强流动资产、固定资产、对外投资等资产的清查和管理。

35. 某非营利养老服务机构只建立了银行流水账，而且也没有及时登记，这是违规的吗

答：这是违规的。

依据《管理办法》第三十条：非营利养老服务机构应建立现金和银行存款日记账制度，按照业务发生顺序逐日逐笔登记，做到日清月结，账款相符。

36. 在调研中发现：某非营利养老服务机构的库存现金有 2 万余元，其每天的现金支出最高不超过 1000 元，这是违规的吗

答：这是违规的。

依据《现金管理暂行条例》第九条：开户银行应当根据实际需要，核定开户单位 3 天至 5 天的日常零星开支所需的库存现金限额。

边远地区和交通不便地区的开户单位的库存现金限额，可以多于 5 天，但不得超过 15 天的日常零星开支。

第十条：经核定的库存现金限额，开户单位必须严格遵守。需要增加或者减少库存现金限额的，应当向开户银行提出申请，由开户银行核定。

该非营利养老服务机构每天的现金支出最高不超过 1000 元，应核定的库存现金限额不超过5000元，如果属于边远地区和交通不便地区，也不应超过15000元。

37. 在调研中发现：某非营利养老服务机构购买冰箱支出5000元，使用现金支付，且审批及领款人均未签字，这是违规的吗

答：这是违规的。

依据《管理办法》第三十一条：非营利养老服务机构的现金管理，应按照《现金管理暂行条例》，严格执行现金库存限额、现金使用范围、现金发放手续等规定。除发放工资、福利、劳酬、差旅费和《现金管理暂行条例》规定限额以下的零星支出外，其余应通过银行、非银行金融平台（微信、支付宝等）办理转账结算业务。

购买冰箱超出现金使用范围，审批及领款人未签字违反现金发放手续。

38. 非营利养老服务机构的出纳为了自己方便，把收到的现金锁在保险柜，第二天用于日常开支，这是违规的吗

答：这属于坐支行为，是违规的。

依据《管理办法》第三十一条：……非营利养老服务机构取得的现金收入，应及时存入银行账户，不得从现金中直接支付。

依据《现金管理暂行条例》第十一条第二款：开户单位支付现金，可以从本单位库存现金限额中支付或者从开户银行提取，不得从本单位的现金收入中直接支付（即坐支）。因特殊情况需要坐支现金的，应当事先报经开户银行审查批准，由开户银行核定坐支范围和限额。坐支单位应当定期向开户银行报送坐支金额和使用情况。

39. 非营利养老服务机构核算应收款项，需要设置明细账并定期做账龄分析吗

答：需要。

依据《管理办法》第三十二条：非营利养老服务机构的应收款项，应按照实际发生额入账，设置明细账进行明细核算。

非营利养老服务机构要做好应收款项的管理，避免坏账损失的发生。

40. 某非营利养老服务机构的存货每月都盘点，是否有必要呢

答：是必要的。

依据《管理办法》第三十三条：非营利养老服务机构的存货，应按照实际成本入账，定期进行清查盘点。

依据《民间非营利组织会计制度》第二十四条：（三）存货应当定期进行清查盘点，每年至少盘点一次。对于发生的盘盈、盘亏以及变质、毁损等存货，应当及时查明原因，并根据民间非营利组织的管理权限，经理事会、董事会或类似权力机构批准后，在期末结账前处理完毕。对于盘盈的存货，应当按照其公允价值入账，并确认为当期收入；对于盘亏或者毁损的存货，应先扣除残料价值、可以收回的保险赔偿和过失人的赔偿等，将净损失确认为当期费用。

41. 非营利养老服务机构的固定资产包括哪些类别

答：包括土地、房屋及构筑物；通用设备；专用设备；文物和陈列品；图书、档案；家具、用具、装具及动植物等。

依据《管理办法》第三十四条：固定资产是指为行政管理、提供服务、生产商品或者出租目的而持有的，预计使用年限超过 1 年，单位价值较高的有形资产。包括土地、房屋及构筑物；通用设备；专用设备；文物和陈列品；图书、档案；家具、用具、装具及动植物。

42. 非营利养老服务机构的专用护理床是固定资产吗？应如何管理？需要定期盘点吗

答：是固定资产，应建账建卡登记，需要定期盘点。

依据《管理办法》第三十四条：非营利养老服务机构应建立固定资产总账、明细账和账卡，完善固定资产购置、领用、处置、清查盘点等日常管理制度。单位应根据自身资产状况确认固定资产的金额标准。

43. 非营利养老服务机构合并、分立、终止时，举办者可以分配剩余资产吗

答：不可以。

依据《管理办法》第三十五条：非营利养老服务机构合并、分立的，应办理资产的清查、移交事项。

非营利养老服务机构终止时，应当成立清算小组，做好资产和债权债务清算工作。终止后的剩余财产，应当按照单位章程的规定或者单位理事会的决议用于公益目的；无法按以上方式处理的，由登记的民政部门主持转给宗旨相同或者相近的法人，并向社会公告。

44. 非营利养老服务机构的关键管理人员的薪酬必须披露吗

答：必须披露。

依据《〈民间非营利组织会计制度〉若干问题的解释》："十二、关于关联方关系及其交易的披露

（三）本解释所称关联方交易，是指关联方之间转移资源、劳务或义务的行为，而不论是否收取价款。关联方交易的类型通常包括以下各项：

1. 购买或销售商品及其他资产。

2. 提供或接受劳务。

3. 提供或接受捐赠。

4. 提供资金。

5. 租赁。

6. 代理。

7. 许可协议。

8. 代表民间非营利组织或由民间非营利组织代表另一方进行债务结算。

9. 关键管理人员薪酬。"

上述第 9 项明确了非营利养老服务机构的关键管理人员的薪酬必须披露。

五、负债管理

45. 非营利养老服务机构的负债如何分类及核算

答：非营利养老服务机构的负债应当按其流动性分为流动负债、长期负债和受托代理负债等，各项流动负债、长期负债应当按实际发生额入账，受托代理负债应当按照相对应的受托代理资产的金额予以确认和计量。

依据《管理办法》第三十六条：负债是指过去的交易或者事项形成的现时义务，履行该义务预期会导致含有经济利益或者服务潜力的资源流出非营利养老服务机构。

负债应当按其流动性分为流动负债、长期负债和受托代理负债等。

流动负债是指将在1年内（含1年）偿还的负债，包括短期借款、应付款项、应付工资、应交税金、预收账款、预提费用和预计负债等。

长期负债是指偿还期限在1年以上（不含1年）的负债，包括长期借款、长期应付款和其他长期负债。

受托代理负债是指非营利养老服务机构因从事受托代理交易、接受受托代理资产而产生的负债。

第三十七条：非营利养老服务机构的各项流动负债、长期负债应当按实际发生额入账，受托代理负债应当按照相对应的受托代理资产的金额予以确认和计量。

每一笔负债均应当按照债权人名称设置明细账，进行明细核算。负债应当及时清偿，确实无法偿付或不需偿付的负债，应及时清理，并结转至其他收入科目进行核销。

46. 非营利养老服务机构计提的工资、先使用后付费的水电费等应当作为负债记账吗

答：都是应当作为负债记账的。

依据《管理办法》第三十六条："……

流动负债是指将在1年内（含1年）偿还的负债，包括短期借款、应付款项、应付工资、应交税金、预收账款、预提费用和预计负债等。

……"

47. 某养老院从委托方收到受托资产，这是养老院的资产还是负债

答：既是受托代理资产，同时也是受托代理负债。

依据《管理办法》第三十六条第五段："……

受托代理负债是指非营利养老服务机构因从事受托代理交易、接受受托代理资产而产生的负债。

第三十七条：非营利养老服务机构的各项流动负债、长期负债应当按实际发生额入账，受托代理负债应当按照相对应的受托代理资产的金额予以确认和计量。

非营利养老服务机构从委托方收到受托资产应确认受托代理资产，并相应确认受托代理负债。"

48. 养老院确定不需要退还的应付款项应如何处理

答：确定不需要退还的应付款项应转入其他收入。

依据《管理办法》第三十七条第二段："……

每一笔负债均应当按照债权人名称设置明细账，进行明细核算。负债应当及时清偿，确实无法偿付或不需偿付的负债，应及时清理，并结转至其他收入科目进行核销。"

非营利养老机构财务部门应定期与债权人进行对账，对长期挂账的应付款项积极采取清理措施，对确定不需支付的应付款项及时结转其他收入并进行账务核销。

49. 非营利养老服务机构收取入住押金可以作为收入吗

答：不可以。入住押金不是收入，应作为负债管理，必须单独核算且不得挪用。

依据《管理办法》第三十八条：非营利养老服务机构收取入住服务对象的押金，应计入负债，作其他应付款处理，并按入住服务对象单独核算。押金应全部存入银行账户单独核算，不得挪作他用。收取押金时，为入住服务对象出具风险提示书。

六、净资产管理

50. 限定性净资产和非限定性净资产应如何划分

答：顾名思义，受到限制使用的净资产为限定性净资产，除此之外的其他净资产即为非限定性净资产。

依据《管理办法》第三十九条：非营利养老服务机构的净资产是指资产减去负债后的余额。

净资产应当按照其是否受到限制，分为限定性净资产和非限定性净资产。

如果资产或者资产所产生的经济利益（如资产的投资收益和利息等）的使用受到资产提供者或者国家有关法律、行政法规所设置的时间限制或（和）用途限制，则由此形成的净资产即为限定性净资产。国家有关法律、行政法规对净资产的使用直接设置限制的，该净资产亦为限定性净资产。除此之外的其他净资产，即为非限定性净资产。

限定性净资产中所称的“限制”，是指由非营利养老服务机构之外的资产提供者或者国家有关法律、行政法规所设置的比机构宗旨或章程中关于资产使用的要求更为具体明确的限制。

如果限定性净资产的限制已经解除，应当对净资产进行重新分类，将限定性净资产转为非限定性净资产。

非营利养老服务机构期末结算时一定要注意区分限定性和非限定性净资产的结转，还要关注限定性净资产的限制是否已经解除。

51. 经过几年运营，非营利养老服务机构净资产累计增加了100万元，院长拿出50万元给自己及高管做了分红，这是违规的吗

答：这是违规的。

依据《管理办法》第四十条：非营利养老服务机构收入抵减费用后形成的净资产不得分配或变相分配。

非营利养老服务机构期末收入和成本都转到净资产，通过非限定性净资产和限定性净资产科目查看，如果为正数就是净资产增长了，但无论净资产是否增长都不得分配。

七、票据管理

52. 养老院为了方便，将发票给值班员轮流管理，随时给入住人员开具，也没有序时登记开票记录，这是违规的吗

答：这是违规的。

依据《管理办法》第四十一条：非营利养老服务机构的票据应专人管理，明确票据领用、保管、注销等环节的职责、权限和程序，专门序时记录登记。

非营利养老服务机构的各种票据应设立专人专岗，建立领用、保管、注销的严格流程，特别是要设立登记台账进行序时记录。

53. 某非营利养老服务机构票据将发票借给外单位使用，还给入住人员用内部收据开具服务费收入单据，这是违规的吗

答：这是违规的。

依据《管理办法》第四十二条：非营利养老服务机构应严格执行《中华人民共和国发票管理办法》及《财政票据管理办法》等相关规定，不得转让、出借、代开、买卖票据，不得擅自扩大票据适用范围。

非营利养老服务机构应根据实际发生的业务活动如实开具正式发票和财政专用票据，不得开具内部收据，也不得多开、少开、不开正式发票。

54. 某非营利养老服务机构的财务人员图省事，开具发票只写抬头和金额，盖章很随意，有时盖财务章，有时盖人名章，有时盖公章，这是违规的吗

答：这是违规的。

依据《管理办法》第四十三条：非营利养老服务机构应加强票据使用管理，票据填写项目齐全、内容真实、字迹清楚，收据联加盖单位财务专用章和收款人的名章。

55. 非营利养老服务机构的发票从哪里取得

答：日常业务活动发票从主管税务机关购买，接受捐赠发票使用财政部门专用发票。

依据《管理办法》第四十四条：非营利养老服务机构收取费用必须使用财政部门统一监（印）制的专用票据，或印有税务机关全国统一发票监制章的发票。从事有偿服务型活动，必须使用印有税务机关全国统一发票监制章的发票。

56. 某非营利养老服务机构接受捐赠，财务开具了入住服务费使用的发票，这是违规的吗

答：这是违规的。

依据《管理办法》第四十五条：非营利养老服务机构接受捐赠，应开具公益事业捐赠专用票据。

八、档案管理

57. 非营利养老服务机构的财务部门也需要档案管理吗

答：是的，不仅需要而且非常重要。

依据《管理办法》第四十六条：非营利养老服务机构应当严格按照《会计档案管理办法》等有关规定，建立健全会计档案管理制度，加强会计档案管理。

58. 哪些会计资料属于会计档案

答：依据《会计档案管理办法》第三条：本办法所称会计档案是指单位在进行会计核算等过程中接收或形成的，记录和反映单位经济业务事项的，具有保存价值的文字、图表等各种形式的会计资料，包括通过计算机等电子设备形成、传输和存储的电子会计档案。

第六条：下列会计资料应当进行归档：

（一）会计凭证，包括原始凭证、记账凭证；

（二）会计账簿，包括总账、明细账、日记账、固定资产卡片及其他辅助性账簿；

（三）财务会计报告，包括月度、季度、半年度、年度财务会计报告；

（四）其他会计资料，包括银行存款余额调节表、银行对账单、纳税申报表、会计档案移交清册、会计档案保管清册、会计档案销毁清册、会计档案鉴定意见书及其他具有保存价值的会计资料。

59. 非营利养老服务机构的会计账册凭证需要按月装订吗

答：是的，需要按月装订成册。

依据《管理办法》第四十七条：非营利养老服务机构每年形成的会计档案，应按照归档要求，整理立卷，装订成册，编制会计档案保管清册。

鼓励非营利养老服务机构利用计算机、网络通信等信息技术手段管理会计档案。

在调研时我们发现：部分非营利养老服务机构的财务凭证从不装订，造成单据混乱、丢失等问题。为保证会计档案的真实完整，财务人员应当按月装订会计凭证、财务附件单据等财务资料。

60. 会计档案满足什么条件可选择电子版归档

答：依据《会计档案管理办法》第八条：同时满足下列条件的，单位内部形成的属于归档范围的电子会计资料可仅以电子形式保存，形成电子会计档案：

（一）形成的电子会计资料来源真实有效，由计算机等电子设备形成和传输；

（二）使用的会计核算系统能够准确、完整、有效接收和读取电子会计资料，能够输出符合国家标准归档格式的会计凭证、会计账簿、财务会计报表等会计资料，设定了经办、审核、审批等必要的审签程序；

（三）使用的电子档案管理系统能够有效接收、管理、利用电子会计档案，符合电子档案的长期保管要求，并建立了电子会计档案与相关联的其他纸质会计档案的检索关系；

（四）采取有效措施，防止电子会计档案被篡改；

（五）建立电子会计档案备份制度，能够有效防范自然灾害、意外事故和人为破坏的影响；

（六）形成的电子会计资料不属于具有永久保存价值或者其他重要保存价值的会计档案。

在调研中我们发现：大部分非营利养老服务机构不能满足上述条件，所以会计档案的整理立卷、装订成册、归档保管非常重要，同时更要加紧信息化建设的推进。

九、监督管理

61. 对非营利养老服务机构的财务工作实施监督检查的部门有哪些

答：民政部、财政部以及接受委托的审计部门。

依据《管理办法》第四十八条：非营利养老服务机构的财务工作应自觉接受民政、财政、审计等相关部门的监督检查。

62. 对非营利养老服务机构的财务工作采取什么方法实施检查

答：采取随机或重点等方式实施监督检查。

依据《管理办法》第四十九条：区民政、财政部门应当结合本行政区域内非营利养老服务机构的服务规模、信用记录、风险程度等情况，采取随机或重点等方式，实施监督检查，也可委托专业机构进行检查、抽查。检查抽查情况和查处结果应当及时向社会公布。

63. 发现非营利养老服务机构有违规行为可以向哪些部门举报

答：向其主管的民政、财政部门进行举报。

依据《管理办法》第五十条：民政、财政部门应当畅通对非营利养老服务机构举报投诉渠道，依法及时处理有关举报投诉。

市民政、财政部门应当加强对区民政、财政部门的指导和监督，及时督促纠正财务管理中的违法违规行为。

64. 非营利养老服务机构每年报送工作报告和财务状况审计报告的日期

答：每年3月31日前向业务主管单位报送工作报告和审计报告，经业务主管单位初审同意后，于5月31日前向登记管理机关报送工作报告和审计报告。

依据《管理办法》第五十一条：非营利养老服务机构每年3月31日前向业务主管单位报送上一年度的工作报告和具有资质的会计师事务所出具的财务状况审计报告，经业务主管单位初审同意后，于5月31日前向登记管理机关报送上一年度工作报告和由具有资质的会计师事务所出具的审计报告，自觉接受监督检查。

65. 非营利养老服务机构变更法人代表需要审计吗

答：需要审计。

依据《管理办法》第五十二条：非营利养老服务机构变更法定代表人或者负责人、办理注销清算之前，应当对其进行财务审计。

十、法律责任

66. 非营利养老服务机构不设会计账簿，或者伪造会计凭证，编制虚假报表等行为，违反什么法规？会有什么样的处罚

答：违反《中华人民共和国会计法》；由主管财政部门责令限期改正，并可以对单位处以下相应金额的罚款；对直接责任人员，也可以处以相应金额的罚款及行业禁止的处罚；构成犯罪的，依法追究刑事责任。

依据《管理办法》第五十三条：非营利养老服务机构不依法设置会计账簿，未按照规定填制、取得原始凭证，填制、取得的原始凭证不符合规定，以未经审核的会计凭证为依据登记会计账簿，登记会计账簿不符合规定，伪造、变造会计凭证、会计账簿，编制虚假财务会计报告，隐匿或者故意销毁依法应当保存的会计凭证、会计账簿、财务会计报告等违反《中华人民共和国会计法》规定的，由单位所在地的区财政部门依据《中华人民共和国会计法》有关规定，视情给予处罚。

具体的罚则根据《中华人民共和国会计法》第四十二条：违反本法规定，有下列行为之一的，由县级以上人民政府财政部门责令限期改正，可以对单位并处三千元以上五万元以下的罚款；对其直接负责的主管人员和其他直接责任人员，可以处二千元以上二万元以下的罚款；属于国家工作人员的，还应当由其所在单位或者有关单位依法给予行政处分：

（一）不依法设置会计帐簿的；

（二）私设会计帐簿的；

（三）未按照规定填制、取得原始凭证或者填制、取得的原始凭证不符合规定的；

（四）以未经审核的会计凭证为依据登记会计帐簿或者登记会计帐簿不符合规定的；

（五）随意变更会计处理方法的；

（六）向不同的会计资料使用者提供的财务会计报告编制依据不一

致的；

（七）未按照规定使用会计记录文字或者记帐本位币的；

（八）未按照规定保管会计资料，致使会计资料毁损、灭失的；

（九）未按照规定建立并实施单位内部会计监督制度或者拒绝依法实施的监督或者不如实提供有关会计资料及有关情况的；

（十）任用会计人员不符合本法规定的。

有前款所列行为之一，构成犯罪的，依法追究刑事责任。

会计人员有第一款所列行为之一，情节严重的，五年内不得从事会计工作。

有关法律对第一款所列行为的处罚另有规定的，依照有关法律的规定办理。

第四十三条：伪造、变造会计凭证、会计帐簿，编制虚假财务会计报告，构成犯罪的，依法追究刑事责任。

有前款行为，尚不构成犯罪的，由县级以上人民政府财政部门予以通报，可以对单位并处五千元以上十万元以下的罚款；对其直接负责的主管人员和其他直接责任人员，可以处三千元以上五万元以下的罚款；属于国家工作人员的，还应当由其所在单位或者有关单位依法给予撤职直至开除的行政处分；其中的会计人员，五年内不得从事会计工作。

第四十四条：隐匿或者故意销毁依法应当保存的会计凭证、会计帐簿、财务会计报告，构成犯罪的，依法追究刑事责任。

有前款行为，尚不构成犯罪的，由县级以上人民政府财政部门予以通报，可以对单位并处五千元以上十万元以下的罚款；对其直接负责的主管人员和其他直接责任人员，可以处三千元以上五万元以下的罚款；属于国家工作人员的，还应当由其所在单位或者有关单位依法给予撤职直至开除的行政处分；其中的会计人员，五年内不得从事会计工作。

67. 非营利养老服务机构虚报冒领政府补贴资金，会有什么样的处罚

答：列入机构信用黑名单，追回其冒领的资金，构成犯罪的，移送司

法机关处理。

依据《管理办法》第五十四条：非营利养老服务机构虚报冒领政府补贴资金的，一经核实，由备案的民政部门纳入本市养老服务机构信用黑名单并按照补贴资金文件的相关规定追回其冒领的资金并由其所在地的区财政部门按照本办法第五十六条的规定处理；构成犯罪的，移送司法机关处理。

68. 非营利养老服务机构违反《民办非企业单位登记管理暂行条例》会受到什么处罚

答：依据《管理办法》第五十五条：非营利养老服务机构有下列情形的，由登记的民政部门依照《民办非企业单位登记管理暂行条例》予以警告，责令改正，可以限期停止活动；情节严重的予以撤销登记；构成犯罪的，依法追究刑事责任。

（一）涂改、出租、出借本单位登记证书或出租、出借本单位印章的。

（二）拒不接受或者不按照规定接受监督检查的。

（三）侵占、私分、挪用民办非企业单位的资产或者所接受的捐赠、资助的。

（四）违反国家有关规定收取费用、筹集资金或者接受使用捐赠、资助的。

具体的处罚依据《民办非企业单位登记管理暂行条例》第二十五条：民办非企业单位有下列情形之一的，由登记管理机关予以警告，责令改正，可以限期停止活动；情节严重的，予以撤销登记；构成犯罪的，依法追究刑事责任：

（一）涂改、出租、出借民办非企业单位登记证书，或者出租、出借民办非企业单位印章的；

（二）超出其章程规定的宗旨和业务范围进行活动的；

（三）拒不接受或者不按照规定接受监督检查的；

（四）不按照规定办理变更登记的；

（五）设立分支机构的；

（六）从事营利性的经营活动的；

（七）侵占、私分、挪用民办非企业单位的资产或者所接受的捐赠、资助的；

（八）违反国家有关规定收取费用、筹集资金或者接受使用捐赠、资助的。

前款规定的行为有违法经营额或者违法所得的，予以没收，可以并处违法经营额 1 倍以上 3 倍以下或者违法所得 3 倍以上 5 倍以下的罚款。

69. 非营利养老服务机构有虚报冒领骗取政府补贴资金、挪用政府补贴资金、从无偿使用的财政资金中非法获益、其他违反规定使用及骗取财政资金等行为的会受到什么样的处罚

答：依据《管理办法》第五十六条：非营利养老服务机构有虚报冒领骗取政府补贴资金、挪用政府补贴资金、从无偿使用的财政资金中非法获益、其他违反规定使用及骗取财政资金等行为的，由单位所在地的区财政部门依据《财政违法行为处罚处分条例》责令改正、给予警告或处以罚款。

具体的处罚依据《财政违法行为处罚处分条例》第六条：国家机关及其工作人员有下列违反规定使用、骗取财政资金的行为之一的，责令改正，调整有关会计账目，追回有关财政资金，限期退还违法所得。对单位给予警告或者通报批评。对直接负责的主管人员和其他直接责任人员给予记大过处分；情节较重的，给予降级或者撤职处分；情节严重的，给予开除处分：

（一）以虚报、冒领等手段骗取财政资金；

（二）截留、挪用财政资金；

（三）滞留应当下拨的财政资金；

（四）违反规定扩大开支范围，提高开支标准；

（五）其他违反规定使用、骗取财政资金的行为。

第十四条：企业和个人有下列行为之一的，责令改正，调整有关会计账目，追回违反规定使用、骗取的有关资金，给予警告，没收违法所得，

并处被骗取有关资金10%以上50%以下的罚款或者被违规使用有关资金10%以上30%以下的罚款；对直接负责的主管人员和其他直接责任人员处3000元以上5万元以下的罚款：

（一）以虚报、冒领等手段骗取财政资金以及政府承贷或者担保的外国政府贷款、国际金融组织贷款；

（二）挪用财政资金以及政府承贷或者担保的外国政府贷款、国际金融组织贷款；

（三）从无偿使用的财政资金以及政府承贷或者担保的外国政府贷款、国际金融组织贷款中非法获益；

（四）其他违反规定使用、骗取财政资金以及政府承贷或者担保的外国政府贷款、国际金融组织贷款的行为。

属于政府采购方面的违法行为，依照《中华人民共和国政府采购法》及有关法律、行政法规的规定处理、处罚。

70. 非营利养老服务机构有违反财政收入票据管理规定行为的，会承担什么责任

答：销毁非法票据，没收违法所得，并对单位及责任人处以罚款。

依据《管理办法》第五十七条：非营利养老服务机构有违反财政收入票据管理规定行为的，由单位所在地的区财政部门销毁非法印制的票据，没收违法所得；并依据有关规定对单位、直接负责的主管人员和其他直接责任人员处以罚款。

71. 非营利养老服务机构监管部门的违法违规行为会承担什么责任

答：依据《管理办法》第五十八条：民政、财政部门及其工作人员在监督管理工作中滥用职权、徇私舞弊、玩忽职守的，依法给予党纪、政纪处分；构成犯罪的，依法追究刑事责任。

第三章　税费优惠政策

引言：

养老机构包括公益性养老机构和经营性养老机构。公益性养老机构包括社会服务机构和事业单位，设立时需要到县级以上人民政府民政部门申请行政许可并登记；经营性养老机构包括公司、企业等，设立经营性养老机构应当在工商行政管理部门办理登记后，向县级以上人民政府民政部门申请行政许可。

在税法中享受税收优惠的老年服务机构，与养老机构基本趋同。税法中老年服务机构是指专门为老年人提供生活照料、文化、护理、健身等多方面服务的福利性、非营利性的机构，主要包括：老年社会福利院、敬老院（养老院）、老年服务中心、老年公寓（含老年护理院、康复中心、托老所）等。

我国目前在征的税种有18个，分为流转税、所得税和其他税种，除了18个税种外，各地还有相关费的征收，具体包括教育费附加、地方教育附加、防空地下室易地建设费、城市基础设施配套费等8项。

本章就流转税、所得税、其他税种和其他费的优惠分为48个问题进行阐述。

一、流转税及附加的优惠

（一）增值税的税收优惠

增值税是流转税，是对销售商品或者劳务过程中实现的增值额征收的一种税。增值税的纳税人包括在中华人民共和国境内销售货物或者提供加工、修理修配劳务，销售服务、无形资产、不动产以及进口货物的单位和个人。单位包括：企业、行政单位、事业单位、军事单位、社会团体及其他单位。个人包括：个体工商户和其他个人。

增值税也可以理解为以营业收入计税依据缴纳的税。社会组织的收入分为提供服务收入、商品销售收入、政府补助收入、捐赠收入、总部拨款收入、投资收益以及其他收入等。

1. 养老机构提供的养老服务收入是否免增值税

答：免增值税。

依据《财政部 国家税务总局关于全面推开营业税改征增值税试点的通知》（财税〔2016〕36号）附件3《营业税改征增值税试点过渡政策的规定》第一条第（二）款规定，养老机构提供的养老服务免征增值税。

2. 养老机构取得的政府购买服务收入是否需要缴纳增值税

答：需要缴纳增值税。

政府购买服务是指通过发挥市场机制作用，把政府直接提供的一部分公共服务事项以及政府履职所需服务事项，按照一定的方式和程序，交由具备条件的社会力量和事业单位承担，并由政府根据合同约定向其支付费用。

要厘清政府补助收入与政府购买服务收入的区别，政府补助收入均为不征税收入。政府购买服务收入属于销售服务收入，仅仅是购买服务方为政府部门，依据《营业税改征增值税试点实施办法》规定，销售服务收入应缴纳增值税。

3. 养老机构取得政府发放的五保户的床位补贴收入，是否需要缴纳增值税

答：五保户的床位补贴属于取得的其他情形的财政补贴收入，无须缴纳增值税。

依据《国家税务总局关于取消增值税扣税凭证认证确认期限等增值税征管问题的公告》（国家税务总局公告 2019 年第 45 号）第七条规定，纳税人取得的财政补贴收入，与其销售货物、劳务、服务、无形资产、不动产的收入或者数量直接挂钩的，应按规定计算缴纳增值税。纳税人取得的其他情形的财政补贴收入，不属于增值税应税收入，不征收增值税。

4. 养老机构取得不征税收入是否需要缴纳增值税

答：无须缴纳增值税。养老机构的不征税收入计入在政府补助收入中。

不征税收入是专门从事特定目的从政府部门取得的收入，包括财政拨款；依法收取并纳入财政管理的行政事业性收费、政府性基金；国务院规定的其他不征税收入。不属于营利性活动带来的经济利益，是法律上规定不予征税的项目。因此不属于增值税的应税范围，不征收增值税。

5. 养老机构收到捐赠收入 50 万元，该捐赠收入是否缴纳增值税

答：不缴纳增值税。

公益性捐赠是指纳税人通过中国境内非营利的社会团体、国家机关，向教育、民政等公益事业和遭受自然灾害地区、贫困地区的捐赠。对养老机构的捐赠属于公益事业，是捐赠中的“自愿无偿”行为，区别于增值税征税范围中的“有偿”行为，捐赠收入不属于增值税的征税范围。

6. 境外捐赠人无偿向养老机构捐赠的直接用于养老院的物资免征进口环节增值税吗

答：免征进口环节增值税。境外捐赠人无偿向受赠人捐赠的直接用于慈善事业的物资，免征进口环节增值税。

依据《财政部 海关总署 国家税务总局关于公布〈慈善捐赠物资免征进口税收暂行办法〉的公告》（财政部、海关总署、税务总局公告 2015 年第 102 号）第二条规定，经国务院批准，对境外捐赠人无偿向受赠人捐赠的直接用于慈善事业的物资，免征进口环节增值税。

7. 养老机构非保本理财收益是否缴纳增值税

答：不缴纳增值税。

依据《财政部 国家税务总局关于明确金融房地产开发教育辅助服务等增值税政策的通知》（财税〔2016〕140 号）规定，金融商品持有期间（含到期）取得的非保本的理财收益，不属于利息或利息性质的收入，不征收增值税。

8. 养老机构保本理财收益是否缴纳增值税

答：需要缴纳增值税。

理财产品到期收益是否缴纳增值税需要区分两种情况判断：一是到期保本的理财产品，包括固定收益和浮动收益，即本金没有收回风险。保本理财产品的到期收益属于资金占用收益，属于增值税征税范围，应缴纳增值税。二是非保本的理财产品，属于投资行为，未来盈亏不固定，这个收益无论何时取得，都不属于增值税征收范围。本质上与投资成立公司是一样的，分红、收回都不涉及增值税。

9. 养老机构活期存款取得的利息收入是否需要缴纳增值税

答：无须缴纳增值税。

《财政部 国家税务总局关于全面推开营业税改征增值税试点的通知》（财税〔2016〕36 号）附件 2《营业税改征增值税试点有关事项的规定》第一条第（二）项第 2 目规定，存款利息属于不征收增值税项目。

10. A 养老机构是小规模纳税人，其小卖部 2021 年第一季度销售收入 44 万元，是否可以免征增值税

答：可以免征增值税。

依据《国家税务总局关于小规模纳税人免征增值税征管问题的公告》（国家税务总局公告 2021 年第 5 号）第一条规定，自 2021 年 4 月 1 日至 2022 年 12 月 31 日，小规模纳税人发生增值税应税销售行为，合计月销售额未超过 15 万元（以 1 个季度为 1 个纳税期的，季度销售额未超过 45 万

元）的，免征增值税。A 养老机构一季度销售收入 44 万元，未超过季度销售额 45 万元可以免征增值税。

11. A 养老机构是小规模纳税人，其小卖部 2021 年第二季度销售收入 50 万元，是否可以免征增值税

答：不可以免征增值税，但可以按 1%征收率征收增值税。

依据《国家税务总局关于小规模纳税人免征增值税征管问题的公告》（国家税务总局公告 2021 年第 5 号）第一条规定，小规模纳税人发生增值税应税销售行为，合计月销售额未超过 15 万元（以 1 个季度为 1 个纳税期的，季度销售额未超过 45 万元，下同）的，免征增值税。A 养老机构第二季度销售收入 50 万元，已经超过季度销售额 45 万元，不可以免征增值税。

但依据《财政部 税务总局关于支持个体工商户复工复业增值税政策的公告》（财政部 税务总局公告 2020 年第 13 号）规定：除湖北省外，其他省、自治区、直辖市的增值税小规模纳税人，适用 3%征收率的应税销售收入，减按 1%征收率征收增值税；适用 3%预征率的预缴增值税项目，减按 1%预征率预缴增值税。

《财政部、税务总局关于延续实施应对疫情部分税费优惠政策的公告》（财政部、税务总局公告 2021 年第 7 号）第一条规定："《财政部、税务总局关于支持个体工商户复工复业增值税政策的公告》（财政部、税务总局公告 2020 年第 13 号）规定的税收优惠政策，执行期限延长至 2021 年 12 月 31 日。" A 养老机构第二季度销售收入 50 万元，可减按 1%征收率征收增值税。

12. 社区养老服务取得的收入是否免征增值税

答：提供社区养老服务取得的收入免征增值税。

依据《财政部、税务总局、发展改革委、民政部、商务部、卫生健康委关于养老、托育、家政等社区家庭服务业税费优惠政策的公告》（财政部、税务总局、发展改革委、民政部、商务部、卫生健康委公告 2019 年第 76 号）第一条第（一）款规定，自 2019 年 6 月 1 日起执行至 2025 年 12

月 31 日期间，提供社区养老服务取得的收入，免征增值税。

（二）消费税的税收优惠

消费税是流转税，是对特定的某些消费品和消费行为征收的一种间接税。消费税减免主要集中在出口货物，进口货物无消费税减免。

13. A 养老机构的小卖部出售香烟是否需要缴纳消费税

答：不需要缴纳消费税。

依据《财政部 国家税务总局关于调整卷烟消费税的通知》（财税〔2015〕60 号）规定，卷烟在生产和批发环节征收，A 养老机构小卖部属于零售环节不征收消费税。

（三）城市维护建设税、教育费附加和地方教育附加的优惠

14. 城市维护建设税是指什么税

答：城市维护建设税是为了加强城市的维护建设，扩大和稳定城市建设资金的来源，对缴纳增值税、消费税的单位和个人征收的一个税种。

以纳税人依法实际缴纳的增值税、消费税为计税依据。

15. 教育费附加和地方教育附加属于税吗

答：不包含在 18 个税种中，不属于税，属于费。

教育费附加是为了加快发展地方教育事业，扩大地方教育经费的资金来源，对缴纳增值税、消费税的单位和个人征收的一种费。

16. 地方教育附加是全国开征的费种吗

答：不是全国开征的费种。

依据《中华人民共和国教育法》第五十八条规定：省、自治区、直辖市人民政府依据国务院的有关规定，可以决定开征用于教育的地方附加费，专款专用。

全国已经有20多个省、自治区、直辖市开征了地方教育附加，北京在此之中。

17. 教育费附加和地方教育附加及城市维护建设税的计税依据一致吗

答：教育费附加、地方教育附加计征依据与城市维护建设税计税依据一致。

依据《中华人民共和国城市维护建设税法》《征收教育费附加的暂行规定》《财政部关于统一地方教育附加政策有关问题的通知》（财综〔2010〕98号）等规定，城市维护建设税、教育费附加、地方教育附加只是以实际缴纳的增值税、消费税的税额为计征依据，按适用税率计算缴纳城市维护建设税、教育费附加。

18. 直接减征或免征的增值税、消费税，也直接免征城市维护建设税、教育费附加和地方教育附加吗

答：免征。

依据增值税、消费税相关法律法规和税收政策规定，直接减征或免征的增值税、消费税，因为不用实际缴纳，也就同时减免了城市维护建设税、教育费附加和地方教育附加。

二、所得税的税收优惠

（一）企业所得税的税收优惠

企业所得税属于所得税，企业所得税的纳税人是在中华人民共和国境内的企业和其他取得收入的组织，包括依照中国法律、行政法规在中国境内成立的企业、行政单位、事业单位、军事单位、社会团体以及其他取得收入的组织。严格区分应税收入和非应税收入，各项应税收入，要按照税收法律、行政法规等规定办理纳税申报。

19. 公益性养老机构享受企业所得税的“非营利组织”免税资格的申请管理机关

答：省级（含省级）以上登记管理机关批准的，应向其所在地省级税务主管机关提出免税资格申请；经地市级或县级登记管理机关批准的，分别向其所在地的地市级或县级税务主管机关提出免税资格申请。

依据《财政部、税务总局关于非营利组织免税资格认定管理有关问题的通知》（财税〔2018〕13号）第二条规定，经省级（含省级）以上登记管理机关批准设立或登记的非营利组织，凡符合规定条件的，应向其所在地省级税务主管机关提出免税资格申请，并提供本通知规定的相关材料；经地市级或县级登记管理机关批准设立或登记的非营利组织，凡符合规定条件的，分别向其所在地的地市级或县级税务主管机关提出免税资格申请，并提供本通知规定的相关材料。

财政、税务部门按照上述管理权限，对非营利组织享受免税的资格联合进行审核确认，并定期予以公布。

20. 公益性养老机构哪些收入可以享受免征企业所得税

答：公益性养老机构符合非营利性组织条件的收入，可以享受免征企业所得税。

依据《中华人民共和国企业所得税法》第二十六条第（四）项规定，企业的下列收入为免税收入：符合条件的非营利组织的收入。

依据《财政部、税务总局关于非营利组织免税资格认定管理有关问题的通知》（财税〔2018〕13号）第一条规定，“依据本通知认定的符合条件的非营利组织，必须同时满足以下条件：

（一）依照国家有关法律法规设立或登记的事业单位、社会团体、基金会、社会服务机构、宗教活动场所、宗教院校以及财政部、税务总局认定的其他非营利组织；

（二）从事公益性或者非营利性活动；

（三）取得的收入除用于与该组织有关的、合理的支出外，全部用于登记核定或者章程规定的公益性或者非营利性事业；

（四）财产及其孳息不用于分配；但不包括合理的工资薪金支出；

（五）按照登记核定或者章程规定，该组织注销后的剩余财产用于公益性或者非营利性目的，或者由登记管理机关转赠给与该组织性质、宗旨相同的组织，并向社会公告；

（六）投入人对投入该组织的财产不保留或者享有任何财产权利，本款所称投入人是指除各级人民政府及其部门外的法人、自然人和其他组织；

（七）工作人员工资福利开支控制在规定的比例内，不变相分配该组织的财产，其中：工作人员平均工资薪金水平不得超过税务登记所在地的地市级（含地市级）以上地区的同行业同类组织平均工资水平的两倍，工作人员福利按照国家有关规定执行；

（八）对取得的应纳税收入及其有关的成本、费用、损失应与免税收入及其有关的成本、费用、损失分别核算。"

21. 如何判定养老机构是不是"小型微利企业"

答：依据《国家税务总局关于实施小型微利企业普惠性所得税减免政策有关问题的公告》（国家税务总局公告 2019 年第 2 号）规定，小型微利企业是指从事国家非限制和禁止行业，且同时符合年度应纳税所得额不超过 300 万元、从业人数不超过 300 人、资产总额不超过 5000 万元等三个条件的企业。

22. A 养老机构 2021 年企业所得税应纳税所得额 96 万元，是否可以享受企业所得税减免优惠

答：可以享受企业所得税减免，实际税负为 2.5%。96 万元未超过 100 万元，应纳企业所得税为 96×25%×20%×50%＝2.4 万元。

依据《财政部 税务总局关于实施小微企业普惠性税收减免政策的通知》（财税〔2019〕13 号）第二条规定，对小型微利企业年应纳税所得额不超过 100 万元的部分，减按 25%计入应纳税所得额，按 20%的税率缴纳企业所得税。

依据《财政部 税务总局关于实施小微企业和个体工商户所得税优惠政策的公告》（财政部、税务总局公告2021年第12号）规定，2021年1月1日至2022年12月31日，对小型微利企业年应纳税所得额不超过100万元的部分，在《财政部、税务总局关于实施小微企业普惠性税收减免政策的通知》（财税〔2019〕13号）第二条规定的优惠政策基础上，再减半征收企业所得税。

23. B养老机构2021年企业所得税应纳税所得额120万元，是否有企业所得税减免

答：B养老机构有企业所得税减免，实际税负100万元以下为2.5%，100万~300万元为10%。B养老机构2021年企业所得税应纳税所得额120万元，分两段计算：100万元以下：100×25%×20%×50%＝2.5万元；120万元超过100万元但不超过300万元的部分：（120－100）×50%×20%＝2万元，2021年合计应纳企业所得税为2.5+2＝4.5万元。

依据《财政部、税务总局关于实施小微企业普惠性税收减免政策的通知》（财税〔2019〕13号）第二条规定，对小型微利企业年应纳税所得额不超过100万元的部分，减按25%计入应纳税所得额，按20%的税率缴纳企业所得税；对年应纳税所得额超过100万元但不超过300万元的部分，减按50%计入应纳税所得额，按20%的税率缴纳企业所得税。

24. 养老机构“不征税收入”范围包括哪些

答：依据《中华人民共和国企业所得税法》第七条规定，收入总额中的下列收入为不征税收入：

1. 财政拨款；
2. 依法收取并纳入财政管理的行政事业性收费、政府性基金；
3. 国务院规定的其他不征税收入。

25. 养老机构不征税收入对应的支出是否可以在企业所得税前扣除

答：不得在企业所得税前扣除。

依据《财政部 国家税务总局关于专项用途财政性资金企业所得税处理问题的通知》（财税〔2011〕70 号）第二条规定，不征税收入在计算应纳税所得额时从收入总额中减除，不征税收入用于支出所形成的费用，不得在计算应纳税所得额时扣除；用于支出所形成的资产，其计算的折旧、摊销不得在计算应纳税所得额时扣除。

26. 养老机构专项用途财政性资金项目的结余资金 5 年内未发生且未缴回的，是否要并入企业所得税应税收入总额

答：需要计入取得该资金第 6 年的应税收入总额。养老机构在取得专项用途财政性资金后，要特别注意把握 5 年的时间限制。

依据《财政部 国家税务总局关于专项用途财政性资金企业所得税处理问题的通知》（财税〔2011〕70 号）第三条规定，将规定条件的财政性资金作不征税收入处理后，在 5 年（60 个月）内未发生支出且未缴回财政部门或其他拨付资金的政府部门的部分，应计入取得该资金第 6 年的应税收入总额；计入应税收入总额的财政性资金发生的支出，允许在计算应纳税所得额时扣除。

27. 提供社区养老服务取得的收入是否有减免

答：有减免。提供社区养老服务取得的收入减按 90%计入收入总额。

依据《财政部、税务总局、发展改革委、民政部、商务部、卫生健康委关于养老、托育、家政等社区家庭服务业税费优惠政策的公告》（财政部、税务总局、发展改革委、民政部、商务部、卫生健康委公告 2019 年第 76 号）的规定，2008 年 1 月 1 日至 2025 年 12 月 31 日前，提供社区养老服务取得的收入，在计算应纳税所得额时，减按 90%计入收入总额。

28. 养老机构取得的政府购买服务收入是否属于免税收入

答：不属于免税收入范围。

依据《关于非营利组织企业所得税免税收入问题的通知》（财税〔2009〕122 号）规定，免税收入中不包括因政府购买服务取得的收入，

需要作为收入总额计算缴纳企业所得税。

29. 个人独资企业和合伙企业提供社区养老服务取得的收入，是否有企业所得税税收优惠

答：不适用。企业所得税的纳税人为企业、事业单位和社会组织，不包括个人独资企业和合伙企业。

（二）个人所得税的税收优惠

个人所得税是所得税，是国家对本国公民、居住在本国境内的个人的所得和境外个人来源于本国的所得征收的一种所得税。个人所得税以所得人为纳税人。包括自然人，个体工商户业主，个人独资企业的投资者，合伙企业的个人合伙人。依据住所和居住时间两个标准，分为居民个人和非居民个人。

30. 通过非营利性的社会团体和政府部门向非营利性的老年服务机构的捐赠，准予在个人所得税前全额扣除吗

答：准予全额扣除。

依据《财政部 国家税务总局关于对老年服务机构有关税收政策问题的通知》（财税〔2000〕97号）规定，对企事业单位、社会团体和个人等社会力量，通过非营利性的社会团体和政府部门向福利性、非营利性的老年服务机构的捐赠，在缴纳个人所得税前准予全额扣除。

31. 通过非营利性的社会团体和政府部门向营利性的老年服务机构的捐赠，准予在个人所得税前全额扣除吗

答：不能全额扣除。但可以在不超过纳税人申报应纳税所得额30%以内的部分扣除。

依据《中华人民共和国个人所得税法》第六条规定，个人将其所得对教育、扶贫、济困等公益慈善事业进行捐赠，捐赠额未超过纳税人申报的应纳税所得额百分之三十的部分，可以从其应纳税所得额中扣除。

三、其他税种的税收优惠

（一）房产税和城镇土地使用税的税收优惠

房产税是财产税，是以房屋为征税对象，按照房屋的计税余值或出租房屋的租金收入征收的一种财产税。

城镇土地使用税是资源税，是国家在城市、县城、建制镇和工矿区范围内，对使用土地的单位和个人，以其实际占用的土地面积为计税依据，按照规定的税额征收的一种税。

32. 老年服务机构自用的房产免征房产税吗

答：暂免征收。

依据《财政部 国家税务总局关于对老年服务机构有关税收政策问题的通知》（财税〔2000〕97 号）文件规定，自 2000 年 10 月 1 日起，对政策部门和企事业单位、社会团体以及个人等社会力量投资兴办的福利性、非营利性的老年服务机构，暂免征收企业所得税，以及老年服务机构自用房产、土地、车船的房产税、城镇土地使用税、车船使用税。

33. 老年服务机构自用的土地免征城镇土地使用税吗

答：暂免征收。

依据《财政部 国家税务总局关于对老年服务机构有关税收政策问题的通知》（财税〔2000〕97 号）文件规定，自 2000 年 10 月 1 日起，对政策部门和企事业单位、社会团体以及个人等社会力量投资兴办的福利性、非营利性的老年服务机构，暂免征收企业所得税，以及老年服务机构自用房产、土地、车船的房产税、城镇土地使用税、车船使用税。

34. 用于社区养老服务的房产免征房产税吗

答：免征。

《财政部 税务总局 发展改革委 民政部 商务部 卫生健康委关于养老、托育、家政等社区家庭服务业税费优惠政策的公告》（财政部 税务总局 发展改革委 民政部 商务部 卫生健康委公告 2019 年第 76 号）第二条和第六条规定，为社区提供养老、托育、家政等服务的机构自有或其通过承租、无偿使用等方式取得并用于提供社区养老、托育、家政服务的房产，免征房产税，自 2019 年 6 月 1 日起执行至 2025 年 12 月 31 日。

35. 用于社区养老服务的房产免征城镇土地使用税吗

答：免征。

《财政部 税务总局 发展改革委 民政部 商务部 卫生健康委关于养老、托育、家政等社区家庭服务业税费优惠政策的公告》（财政部 税务总局 发展改革委 民政部 商务部 卫生健康委公告 2019 年第 76 号）第二条和第六条规定，为社区提供养老、托育、家政等服务的机构自有或其通过承租、无偿使用等方式取得并用于提供社区养老、托育、家政服务的土地，免征城镇土地使用税，自 2019 年 6 月 1 日起执行至 2025 年 12 月 31 日。

（二）车船税的税收优惠

车船税是财产税，是对以中华人民共和国境内的车辆、船舶，按照规定税目和税额计算征收的一种税。

车船税的纳税人在中华人民共和国境内属于《中华人民共和国车船税法》所附《车船税税目税额表》规定的车辆、船舶（以下简称车船）的所有人或者管理人。

36. 老年服务机构自用车船免征车船使用税吗

答：免征。依据《财政部 国家税务总局关于对老年服务机构有关税收政策问题的通知》（财税〔2000〕97 号）规定，自 2000 年 10 月 1 日起，对政策部门和企事业单位、社会团体以及个人等社会力量投资兴办的福利性、非营利性的老年服务机构，暂免征收企业所得税，以及老年服务机构自用房产、土地、车船的房产税、城镇土地使用税、车船使用税。

（三）契税的税收优惠

契税是财产税，契税纳税人是指在中华人民共和国境内转移土地、房屋权属，承受的单位和个人。

37. 养老机构新承受的土地、房屋用于养老服务及办公是否免征契税

答：免征。

依据《中华人民共和国契税法》第六条第（二）项规定，自 2021 年 9 月 1 日起，非营利性的学校、医疗机构、社会福利机构承受土地、房屋权属用于办公、教学、医疗、科研、养老、救助，免征契税。养老机构属于非营利性的社会福利机构，其用于养老服务的土地和房屋免征契税。

38. 用于社区养老服务的土地、房屋是否免征契税

答：免征。

依据《财政部 税务总局 发展改革委 民政部 商务部 卫生健康委关于养老、托育、家政等社区家庭服务业税费优惠政策的公告》（财政部 税务总局 发展改革委 民政部 商务部 卫生健康委公告 2019 年第 76 号）第一条第（三）项和第六条规定，承受房屋、土地用于提供社区养老服务的，免征契税，自 2019 年 6 月 1 日起执行至 2025 年 12 月 31 日。

39. 养老机构直接用于为老年人提供养护、康复、托管等服务的土地、房屋是否可以享受契税免税优惠

答：可以享受免税优惠。

依据《财政部、税务总局关于贯彻实施契税法若干事项执行口径的公告》（财政部、税务总局公告 2021 年第 23 号）第三条第（六）项，用于养老的，限于直接用于为老年人提供养护、康复、托管等服务的土地、房屋可以享受契税减免。

（四）印花税的税收优惠

印花税是行为税，印花税的纳税人为在中华人民共和国境内书立在境内

使用的应税凭证的单位和个人。应税凭证，是指《中华人民共和国印花税法》所附《印花税税目税率表》列明的合同、产权转移书据和营业账簿。

40. 养老机构受赠财产的产权转移书据是否免征印花税

答：免征印花税。

依据《中华人民共和国印花税法》第十二条规定，自2022年7月1日起，财产所有权人将财产赠与政府、学校、社会福利机构、慈善组织书立的产权转移书据，免征印花税。

（五）关税的税收优惠

关税是对进出国境或关境的货物、物品征收的一种税。我国目前对进出境货物征收的关税分为进口关税和出口关税两类。

41. 境外捐赠人捐赠物资享受免征关税的慈善事业有哪些

答：养老机构属于慈善事业中的扶助老年群体。

依据《财政部、海关总署、国家税务总局关于公布〈慈善捐赠物资免征进口税收暂行办法〉的公告》（财政部、海关总署、国家税务总局公告2015年第102号）第九条第一款规定，享受税收优惠的慈善事业是指非营利的慈善救助等社会慈善和福利事业，包括以捐赠财产方式自愿开展的对扶贫济困、扶助老幼病残等困难群体的慈善活动。

42. 境外捐赠人捐赠物资享受免征关税的受赠人有什么要求吗

答：依据《财政部、海关总署、国家税务总局关于公布〈慈善捐赠物资免征进口税收暂行办法〉的公告》（财政部、海关总署、国家税务总局公告2015年第102号）第五条规定，享受税收优惠的受赠人是指：

（一）国务院有关部门和各省、自治区、直辖市人民政府。

（二）中国红十字会总会、中华全国妇女联合会、中国残疾人联合会、中华慈善总会、中国初级卫生保健基金会、中国宋庆龄基金会和中国癌症基金会。

（三）经民政部或省级民政部门登记注册且被评定为5A级的以人道救助和发展慈善事业为宗旨的社会团体或基金会。民政部或省级民政部门负责出具证明有关社会团体或基金会符合本办法规定的受赠人条件的文件。

43. 境外捐赠人捐赠物资享受免征关税的慈善事业的物资具体有哪些

答：依据《财政部、海关总署、国家税务总局关于公布〈慈善捐赠物资免征进口税收暂行办法〉的公告》（财政部、海关总署、国家税务总局公告2015年第102号）第六条规定，享受税收优惠的慈善事业的物资是指：

（一）衣服、被褥、鞋帽、帐篷、手套、睡袋、毛毯及其他生活必需用品等。

（二）食品类及饮用水（调味品、水产品、水果、饮料、烟酒等除外）。

（三）医疗类包括医疗药品、医疗器械、医疗书籍和资料。其中，对于医疗药品及医疗器械捐赠进口，按照相关部门有关规定执行。

（四）直接用于公共图书馆、公共博物馆、各类职业学校、高中、初中、小学、幼儿园教育的教学仪器、教材、图书、资料和一般学习用品。其中，教学仪器是指专用于教学的检验、观察、计量、演示用的仪器和器具；一般学习用品是指用于各类职业学校、高中、初中、小学、幼儿园教学和学生专用的文具、教具、体育用品、婴幼儿玩具、标本、模型、切片、各类学习软件、实验室用器皿和试剂、学生校服（含鞋帽）和书包等。

（五）直接用于环境保护的专用仪器。包括环保系统专用的空气质量与污染源废气监测仪器及治理设备、环境水质与污水监测仪器及治理设备、环境污染事故应急监测仪器、固体废物监测仪器及处置设备、辐射防护与电磁辐射监测仪器及设备、生态保护监测仪器及设备、噪声及振动监测仪器和实验室通用分析仪器及设备。

（六）经国务院批准的其他直接用于慈善事业的物资。

本办法所称用于慈善事业的物资不包括国家明令停止减免进口税收的特定商品以及汽车、生产性设备、生产性原材料及半成品等。捐赠物资应为未经使用的物品（其中，食品类及饮用水、医疗药品应在保质期内），在捐赠物资内不得夹带危害环境、公共卫生和社会道德及进行政治渗透等违禁物品。

44. 境外捐赠人无偿向养老机构捐赠的直接用于养老院的物资免征进口关税吗

答：符合上述41~43条的免征进口关税。

依据《财政部、海关总署、国家税务总局关于公布〈慈善捐赠物资免征进口税收暂行办法〉的公告》（财政部、海关总署、国家税务总局公告2015年第102号）的第二条规定，经国务院批准，对境外捐赠人无偿向受赠人捐赠的直接用于慈善事业的物资，免征进口关税。

四、其他费的优惠

（一）防空地下室易地建设费的优惠

45. 非营利性养老机构是否有防空地下室易地费的优惠

答：全额减免。

依据《财政部 国家发展改革委关于减免养老和医疗机构行政事业性收费有关问题的通知》（财税〔2014〕77号）第一条规定，对非营利性养老和医疗机构建设全额免征行政事业性收费。

依据《财政部 国家发展改革委关于减免养老和医疗机构行政事业性收费有关问题的通知》（财税〔2014〕77号）第二条第（三）项规定，上述免征或减半收取的行政事业性收费项目包括：人防部门收取的防空地下室易地建设费。

46. 营利性养老机构是否有防空地下室易地费的优惠

答：减半征收。

依据《财政部 国家发展改革委关于减免养老和医疗机构行政事业性收费有关问题的通知》（财税〔2014〕77号）第一条规定，对营利性养老和医疗机构建设减半收取行政事业性收费。

依据《财政部 国家发展改革委关于减免养老和医疗机构行政事业性收费有关问题的通知》（财税〔2014〕77 号）第二条第（三）项规定，上述免征或减半收取的行政事业性收费项目包括：人防部门收取的防空地下室易地建设费。

（二）城市基础设施配套费的优惠

47. 用于提供社区养老服务的建设项目是否免征城市基础设施配套费

答：免征。

依据《财政部 税务总局 发展改革委 民政部 商务部 卫生健康委关于养老、托育、家政等社区家庭服务业税费优惠政策的公告》（财政部 税务总局 发展改革委 民政部 商务部 卫生健康委公告 2019 年第 76 号）第一条第（四）项和第六条规定，用于提供社区养老、托育、家政服务的建设项目，免征城市基础设施配套费，自 2019 年 6 月 1 日起执行至 2025 年 12 月 31 日。

（三）不动产登记费、耕地开垦费、土地复垦费、土地闲置费的优惠

48. 用于社区养老服务的房产、土地，除了房产税和土地使用税外是否有其他费的优惠

答：有优惠。免征不动产登记费、耕地开垦费、土地复垦费、土地闲置费。

依据《财政部 税务总局 发展改革委 民政部 商务部 卫生健康委关于养老、托育、家政等社区家庭服务业税费优惠政策的公告》（财政部 税务总局 发展改革委 民政部 商务部 卫生健康委公告 2019 年第 76 号）第一条第（四）项和第六条规定，用于提供社区养老服务的房产、土地，免征不动产登记费、耕地开垦费、土地复垦费、土地闲置费，自 2019 年 6 月 1 日起执行至 2025 年 12 月 31 日。

第四章　负面清单管理

引言：

本章通过案例分析，对养老机构出现的财务违规操作进行归纳整理，最终给出管理建议，目的在于让养老机构防微杜渐，避免此类事件发生，从而避免风险及损失。

1. 违规发放工资，未分清本单位和关联方单位人员

案例分析：某养老机构的人员工资支出异常，按规定是 5 个老人 1 个护工，但却出现 5 个护工 1 个老人的情况，查其原因是关联方的有些人员在这里领工资，并未对养老机构提供任何服务。

管理建议：加强对养老机构工资支出的管理，杜绝非本机构人员工资在机构列支。

2. 有大量举办方抬头的发票入账，造成财务核算不规范

案例分析：养老机构的初始装修费用大量的发票都不是养老机构的，而是举办者的。在 2019 年前需要审批，2020 年以后改为备案制。

管理建议：养老机构先申请名称核准，然后发生的支出直接填写已经核准的单位名称，避免发票抬头与养老院名称不符的情况出现。

3. 有大额无发票或收据支出情况发生并进入费用，导致税务风险

案例分析：根据有关审计数据，公建民营养老院风险金的缴纳比例不足 30%，也就是多数公建民营养老院没有缴纳风险金，这样，对于养老院的持续健康发展造成风险隐患。查其原因，目前民政部门收到风险金暂时

无法开具发票或收据的现象，造成养老院账务处理上比较尴尬，同时养老院不能税前列支，资金使用也很不顺畅。

收取风险金的目的是保证资金的安全，等需要这笔资金时可用，而不是被养老机构私自用在其他项目上。

管理建议：风险金由缴纳制优化为共管制，由养老机构单独开户，民政部门和养老机构共同管理，设置双重密钥，这样既保证了资金的安全和合理利用，又避免了养老院难以入账和民政部门暂时无法开具票据的尴尬局面。

4. 选择错误的会计制度

案例分析：某养老院使用行政事业单位会计制度，在业务收入、资金等方面与民间非营利组织会计制度的核算要求出现了较大的偏差。按照相关规定要求：在民政部门登记的养老院应执行民间非营利组织会计制度，单独建账，独立核算，实行独立财务管理。

管理建议：按规定执行《民间非营利组织会计制度》及相关问题的解释。

5. 年末净资产数额少于成立时开办资金数额

案例分析：某养老院经营不善，导致上一年度年末净资产数额低于开办资金。在年度检查时，因该情况直接导致年度检查结果为“不合格”。

管理建议：年末净资产过少、未达到成立时开办资金数额，即代表着该机构的整体经营状况不佳、偿付债务的能力不强和支持业务开展的潜力不足，有可能直接导致年度检查“基本合格”或“不合格”，或在参与政府购买项目投标时达不到要求，建议及时补足开办资金。

6. 会计核算科目设置不正确

案例分析：某养老院采用了《小企业会计准则》，并未执行《民间非营利组织会计制度》，最终导致出现会计科目设置的多处错误。民间非营利组织科目分类包含资产、负债、净资产、收入、支出等，在具体财务处理上，与企业差异较大，例如：（1）不存在实收资本会计科目；（2）收入分类与企业不同，包括捐赠收入、会费收入、政府补助收入、提供服务收入、商品销售收入、投资收益、其他收入等；（3）期末收入和费用需要结转计入净资产，净资产分为“非限定性净资产”和“限定性净资产”等。

管理建议：严格执行《民间非营利组织会计制度》及相关问题的解释，按规定设置会计科目，进行会计核算。

7. 存在长期挂账的应收、应付款

案例分析：某机构“其他应付款”有较大金额的款项长期挂账。实质上是收入未开票导致。

管理建议：长期挂账可能导致风险，一是存在应确认而未确认的收入、费用情况，涉及缴纳增值税、企业所得税的合法性；二是对内部自然人借款超期未归还，应视同工资薪金发放，涉及个人所得税征缴事项。

8. 为关联方承担费用支出

案例分析：对于集团化管理的养老院，可能出现为关联方承担费用的情况，一方面会因违反内部报销制度，导致自身账表不符、费用提高；另一方面还会带来税务风险。

管理建议：关联方是指一方或多方控制另一方，或对另一方施加重大影响；或两方以上同受一方控制或重大影响的相关各方。民间非营利组织的关联方：（1）设立人及其所属企业集团的其他成员单位。（2）设立人及其所属企业集团的其他成员单位共同控制或施加重大影响的企业。（3）设立人及其所属企业集团的其他成员单位设立的民间非营利组织。（4）本单位控制、共同控制或施加重大影响的企业。（5）本单位设立的其他民间非营利组织。（6）关键管理人员及与其关系密切的家庭成员。关键管理人员，是指有权力并负责计划、指挥和控制民间非营利组织活动的人员，包

括负责人、理事、监事、分支（代表）机构负责人等。与关键管理人员关系密切的家庭成员，是指在处理与该组织的交易时可能影响该个人或受该个人影响的家庭成员。（7）关键管理人员或与其关系密切的家庭成员控制、共同控制或施加重大影响的企业。（8）关键管理人员或与其关系密切的家庭成员设立的其他民间非营利组织。（9）慈善组织主要捐赠人。

9. 未按规定申报、缴纳税款

案例分析：某机构未能按时完成企业所得税汇算清缴，导致了该机构被税务主管部门行政处罚，除补缴税款外还缴纳了滞纳金。

管理建议：某机构应当按照税法的规定，缴纳增值税、企业所得税、房产税、车船税、印花税等。如果发生应税事项，但未如期申报、缴纳税款，可能会面临税务机关的处罚，并补缴税款及滞纳金。

10. 费用报销不合规

案例分析：某机构存在费用列支依据不充分、无事由无明细、报销凭据不完整不合规的情况，还存在使用内容不真实的发票报销等状况。

管理建议：机构应建立有效的费用报销制度，可通过明确机构每笔支出的授权方式、审批权限及责任和相关管控措施，规范和约束经办人的费用报销行为。

11. 固定资产管理不规范

案例分析：

· 某机构截至 2019 年 12 月 31 日，部分固定资产财务账面余额与资产账余额（固定资产动态库）不一致，账账不符。

· 某机构在年度终了未能对固定资产进行盘点，仅在 2019 年 6 月 30 日对固定资产进行盘点，且未对盘点情况与固定资产动态账进行核对，并形成汇总表及盘点报告，不能及时发现盘盈、盘亏情况。

· 个别资产已达到固定资产标准，未纳入固定资产管理。如：

2019 年 3 月 51 号凭证，支付厨房设备款 174040.00 元，其中：冰沙机 1 台，价值 1050.00 元，未纳入固定资产管理。

上述事项不符合《×××固定资产管理办法》“第四条　固定资产的范围：使用年限在一年以上，一般设备单位价值在 1000 元以上、专用设备单位价值在 1500 元以上，并在使用过程中基本保持原来物质形态的资产。单位价值虽未达到规定标准，但使用时间在一年以上的大批同类物资，按固定资产管理”的规定。

管理建议：加强固定资产管理，达到规定标准固定资产，及时纳入固定资产管理，财务人员与资产管理人员定期对账，年末对全部固定资产进行盘点，做到账账、账实相符，确保资产安全完整。

12. 采购管理方面个别采购服务项目供应商的选定未执行三方比价程序

案例分析：某养老机构在 2019 年度选定食堂外包供应商时未按规定执行三方比价程序。上述事项不符合《采购管理制度》：“一、采购原则。1. 采购过程实行‘三比’（即比质、比价、比服务）的采购原则；2. 采购实行‘三审一检’（即购物用款初审、复审、审批，合同初审、复审、审批及质量检测）的控制原则；3. 采购组集体询价采购原则；4. 避免单一品牌、单一来源采购原则；5. 采购过程监督原则；6. 单位采购货物、服务和工程应当严格按照年度政府集中采购目录及标准的规定及《中华人民共和国政府采购法》等相关法律法规执行的规定。”

管理建议：加强采购管理，发生采购货物、服务和工程应当严格按照年度政府集中采购目录及标准的规定执行，非政府采购事项应履行三方比价程序。

13. 合同管理方面存在合同签订时间与报价时间倒置及个别合同未盖章

（1）个别合同签订时间与报价时间倒置

案例分析：某养老机构采购合同，合同签订时间为 2019 年 3 月 15 日，报价时间均为2019年3月22日，未报价，提前签订合同。

管理建议：规范合同签订程序，发生大额经济业务应按照先报价审核，确认供应商后再签订合同程序执行。

（2）个别合同未盖章、无授权人签字、无合同签订日期

案例分析：某养老机构2019年9月11日23号凭证，支付活动费164034.00元，合同金额219000.00元，合同无签订日期。

管理建议：加强合同管理，对大额经济事项要及时签订合同，合同的签订应由法定代表人或其授权代表签字；注意合同签订的日期。

14. 财务管理方面，大额现金支出不符合现金管理条例的有关规定

案例分析：某养老机构有大额的现金支出，不符合现金管理条例的有关规定。

管理建议：严格按照《现金管理暂行条例》《货币资金管理制度》的有关规定，根据银行审定的库存现金限额留存，并杜绝大额现金支出的情况发生。

可以使用现金支付的范围包括：

①职工工资、津贴；

②个人劳务报酬；

③根据国家规定颁发给个人的科学技术、文化艺术、体育等各种奖金；

④各种劳保、福利费用以及国家规定的对个人的其他支出；

⑤向个人收购农副产品和其他物资的价款；

⑥出差人员必须随身携带的差旅费；

⑦结算起点以下的零星支出；

⑧中国人民银行确定需要支付现金的其他支出。

钱款结算起点定为1000元。结算起点的调整，由中国人民银行确定，报国务院备案。

第五章　相关政策法规

引言：

政府对社会组织的引导和管理，必须在一定的制度背景和政策空间中进行，政府对社会组织的社会政策直接影响着社会组织的生存、发展和壮大。

养老服务是以提供各种老年人需要的社会公共服务为主，既是老有所养制度体系中与养老保险并重的支柱性项目，也是整个社会福利事业的重要组成部分，政府无疑应在其中承担其主要责任。

然而，大力发展养老服务业，既不能再走政府包办的老路，也不能将其全部推向市场，而应在转变政府职能的同时让社会组织充当生力军。

本章重点收集了财务会计类、星级评定类、宏观指导类、设施规划类、准入登记类、安全保障类、优惠扶持类等七大类型的养老机构优惠政策相关文件，为我国社会组织走出一条中国特色积极应对人口老龄化道路提供政策支撑和实践指导参考。

一、财务会计类政策

1.《民间非营利组织会计制度》（财会〔2004〕7号）

总　则

第一条

为了规范民间非营利组织的会计核算，保证会计信息的真实、完整，根据《中华人民共和国会计法》及国家其他有关法律、法规的规定，制定本制度。

第二条

本制度适用于在中华人民共和国境内依法设立的符合本制度规定特征的民间非营利组织。民间非营利组织包括依照国家法律、行政法规登记的社会团体、基金会、民办非企业单位和寺院、宫观、清真寺、教堂等。

适用本制度的民间非营利组织应当同时具备以下特征：

（一）该组织不以营利为目的和宗旨；

（二）资源提供者向该组织投入资源并不得以取得经济回报为目的；

（三）资源提供者不享有该组织的所有权。

第三条

会计核算应当以民间非营利组织的交易或者事项为对象，记录和反映该组织本身的各项经济业务活动。

第四条

会计核算应当以民间非营利组织的持续经营为前提。

第五条

会计核算应当划分会计期间，分期结算账目和编制财务会计报告。

第六条

会计核算应当以人民币作为记账本位币。业务收支以人民币以外的货币为主的民间非营利组织，可以选定其中一种货币作为记账本位币，但是编制的财务会计报告应当折算为人民币。

民间非营利组织在核算外币业务时，应当设置相应的外币账户。外币账户包括外币现金、外币银行存款、以外币结算的债权和债务账户等，这些账户应当与非外币的各该相同账户分别设置，并分别核算。

民间非营利组织发生外币业务时，应当将有关外币金额折算为记账本位币金额记账。除另有规定外，所有与外币业务有关的账户，应当采用业务发生时的汇率。当汇率波动较小时，也可以采用业务发生当期期初的汇率进行折算。

各种外币账户的外币余额，期末时应当按照期末汇率折合为记账本位币。按照期末汇率折合的记账本位币金额与账面记账本位币金额之间的差额，作为汇兑损益计入当期费用。但是，属于在借款费用应予资本化的期间内发生的与购建固定资产有关的外币专门借款本金及其利息所产生的汇兑差额，应当予以资本化，计入固定资产成本。借款费用应予资本化的期间依照本制度第三十五条加以确定。

本制度所称外币业务，是指以记账本位币以外的货币进行的款项收付、往来结算等业务。

本制度所称的专门借款，是指为购建固定资产而专门借入的款项。

第七条

会计核算应当以权责发生制为基础。

第八条

民间非营利组织在会计核算时，应当遵循以下基本原则：

（一）会计核算应当以实际发生的交易或者事项为依据，如实反映民间非营利组织的财务状况、业务活动情况和现金流量等信息。

（二）会计核算所提供的信息应当能够满足会计信息使用者（如捐赠人、会员、监管者）等的需要。

（三）会计核算应当按照交易或者事项的实质进行，而不应当仅仅按照它们的法律形式作为其依据。

（四）会计政策前后各期应当保持一致，不得随意变更。如有必要变更，应当在会计报表附注中披露变更的内容和理由、变更的累积影响数，以及累积影响数不能合理确定的理由等。

（五）会计核算应当按照规定的会计处理方法进行，会计信息应当口径一致、相互可比。

（六）会计核算应当及时进行，不得提前或延后。

（七）会计核算和编制的财务会计报告应当清晰明了，便于理解和使用。

（八）在会计核算中，所发生的费用应当与其相关的收入相配比，同一会计期间内的各项收入和与其相关的费用，应当在该会计期间内确认。

（九）资产在取得时应当按照实际成本计量，但本制度有特别规定的，按照特别规定的计量基础进行计量。其后，资产账面价值的调整，应当按照本制度的规定执行。除法律、行政法规和国家统一的会计制度另有规定的外，民间非营利组织一律不得自行调整资产账面价值。

（十）会计核算应当遵循谨慎性原则。

（十一）会计核算应当合理划分应当计入当期费用的支出和应当予以资本化的支出。

（十二）会计核算应当遵循重要性原则的要求，对资产、负债、净资产、收入、费用等有较大影响，并进而影响财务会计报告使用者据以作出合理判断的重要会计事项，必须按照规定的会计方法和程序进行处理，并在财务会计报告中予以充分披露；对于非重要的会计事项，在不影响会计信息真实性和不至于误导会计信息使用者作出正确判断的前提下，可适当简化处理。

第九条

会计记账应当采用借贷记账法。

第十条

会计记录的文字应当使用中文。在民族自治地区，会计记录可以同时使用当地通用的一种民族文字。境外民间非营利组织在中华人民共和国境内依法设立的代表处、办事处等机构也可以同时使用一种外国文字记账。

第十一条

民间非营利组织应当根据有关会计法律、行政法规和本制度的规定，在不违反本制度的前提下，结合其具体情况，制定会计核算办法。

第十二条

民间非营利组织填制会计凭证、登记会计账簿、管理会计档案等要求，按照《中华人民共和国会计法》、《会计基础工作规范》和《会计档案管理办法》等的规定执行。

第十三条

民间非营利组织应当根据国家有关法律、行政法规和内部会计控制规范，结合本单位的业务活动特点，制定相适应的内部会计控制制度，以加强内部会计监督，提高会计信息质量和管理水平。

资 产

第十四条

资产，是指过去的交易或者事项形成并由民间非营利组织拥有或者控制的资源，该资源预期会给民间非营利组织带来经济利益或者服务潜力。资产应当按其流动性分为流动资产、长期投资、固定资产、无形资产和受托代理资产等。

第十五条

民间非营利组织应当定期或者至少于半年年度终了，对短期投资、应收款项、存货、长期投资等资产是否发生了减值进行检查，如果这些资产发生了减值，应当计提减值准备，确认减值损失，并计入当期费用。对于固定资产、无形资产等其他资产，如果发生了重大减值，也应当计提减值准备，确认减值损失，并计入当期费用。如果已计提减值准备的资产价值在以后会计期间得以恢复，则应当在该资产已计提减值准备的范围内部分或全部转回已确认的减值损失，冲减当期费用。

第十六条

对于民间非营利组织接受捐赠的现金资产，应当按照实际收到的金额入账。对于民间非营利组织接受捐赠的非现金资产，如接受捐赠的短期投资、存货、长期投资、固定资产和无形资产等，应当按照以下方法确定其入账价值：

（一）如果捐赠方提供了有关凭据（如发票、报关单、有关协议等）的，应当按照凭据上标明的金额，作为入账价值。如果凭据上标明的金额与受赠资产公允价值相差较大的，受赠资产应当以其公允价值作为其实际成本。

（二）如果捐赠方没有提供有关凭据的，受赠资产应当以其公允价值作为入账价值。

对于民间非营利组织接受的劳务捐赠，不予确认，但应当在会计报表附注中作相关披露。

第十七条

本制度中所称的公允价值是指在公平交易中，熟悉情况的交易双方，自愿进行资产交换或者债务清偿的金额。公允价值的确定顺序如下：

（一）如果同类或者类似资产存在活跃市场的，应当按照同类或者类似资产的市场价格确定公允价值；

（二）如果同类或类似资产不存在活跃市场，或者无法找到同类或者类似资产的，应当采用合理的计价方法确定资产的公允价值。

在本制度规定应当采用公允价值的情况下，如果有确凿的证据表明资产的公允价值确实无法可靠计量，则民间非营利组织应当设置辅助账，单独登记所取得资产的名称、数量、来源、用途等情况，并在会计报表附注中作相关披露。在以后会计期间，如果该资产的公允价值能够可靠计量，则民间非营利组织应当在该资产能够可靠计量的会计期间确认，并以公允价值予以计量。

第十八条

民间非营利组织如发生非货币性交易，应当按照以下原则处理：

（一）以换出资产的账面价值，加上应支付的相关税费，作为换入资产的入账价值。

（二）非货币性交易中如果发生补价，应区别不同情况处理：

1. 支付补价的民间非营利组织，应以换出资产的账面价值加上补价和应支付的相关税费，作为换入资产的入账价值。

2. 收到补价的民间非营利组织，应按以下公式确定换入资产的入账价值和应确认的收入或费用：

换入资产入账价值=换出资产账面价值-（补价÷换出资产公允价值）×换出资产账面价值-（补价÷换出资产公允价值）×应交税金+应支付的相关税费

应确认的收入或费用=补价×［1-（换出资产账面价值+应交税金）÷换出资产公允价值］

（三）在非货币性交易中，如果同时换入多项资产，应按换入各项资产的公允价值占换入资产公允价值总额的比例，对换出资产的账面价值总额和应支付的相关税费进行分配，以确定各项换入资产的入账价值。

本制度所称非货币性交易是指交易双方以非货币性资产进行的交换，这种交换不涉及或只涉及少量的货币性资产（即补价）。其中，货币性资产是指持有的现金及将以固定或可确定金额的货币收取的资产；非货币性资产是指货币性资产以外的资产。

第十九条

流动资产是指预期可在1年内（含1年）变现或者耗用的资产，主要包括现金、银行存款、短期投资、应收款项、预付账款、存货、待摊费用等。

第二十条

民间非营利组织应当设置现金和银行存款日记账。按照业务发生顺序逐日逐笔登记。有外币现金和存款的民间非营利组织，还应当分别按人民币和外币进行明细核算。

现金的核算应当做到日清月结，其账面余额必须与库存数相符；银行存款的账面余额应当与银行对账单定期核对，并与按月编制的银行存款余额调节表调节相符。

本制度所称的账面余额，是指会计科目的账面实际余额，不扣除作为该科目备抵的项目（如累计折旧、资产减值准备等）。

第二十一条

短期投资是指能够随时变现并且持有时间不准备超过1年（含1年）的投资，包括股票、债券投资等。

（一）短期投资在取得时应当按照投资成本计量。短期投资取得时的投资成本按以下方法确定：

1. 以现金购入的短期投资，按照实际支付的全部价款，包括税金、手续费等相关税费作为其投资成本。实际支付的价款中包含的已宣告但尚未领取的现金股利或已到付息期但尚未领取的债券利息，应当作为应收款项单独核算，不构成短期投资成本。

2. 接受捐赠的短期投资，按照本制度第十六条的规定确定其投资成本。

3. 通过非货币性交易换入的短期投资，按照本制度第十八条的规定确定其投资成本。

（二）短期投资的利息或现金股利应当于实际收到时冲减投资的账面价值，但在购买时已计入应收款项的现金股利或者利息除外。

（三）在期末，民间非营利组织应当按照本制度第十五条的规定对短期投资是否发生了减值进行检查。如果短期投资的市价低于其账面价值，应当按照市价低于账面价值的差额计提短期投资跌价准备，确认短期投资跌价损失并计入当期费用。如果短期投资的市价高于其账面价值，应当在该短期投资期初已计提跌价准备的范围内转回市价高于账面价值的差额，冲减当期费用。

（四）处置短期投资时，应当将实际取得价款与短期投资账面价值的差额确认当期投资损益。

本制度所称的账面价值，是指某会计科目的账面余额减去相关的备抵项目后的净额。

民间非营利组织的委托贷款和委托投资（包括委托理财）应当区分期限长短，分别作为短期投资和长期投资核算和列报。

第二十二条

应收款项是指民间非营利组织在日常业务活动过程中发生的各项应收未收债权，包括应收票据、应收账款和其他应收款等。

（一）应收款项应当按照实际发生额入账，并按照往来单位或个人等设置明细账，进行明细核算。

（二）期末，应当分析应收款项的可收回性，对预计可能产生的坏账损失计提坏账准备，确认坏账损失并计入当期费用。

第二十三条

预付账款是指民间非营利组织预付给商品供应单位或者服务提供单位的款项。

预付账款应当按照实际发生额入账，并按照往来单位或个人等设置明细账，进行明细核算。

第二十四条

存货是指民间非营利组织在日常业务活动过程中持有以备出售或捐赠的，或者为了出售或捐赠仍处在生产过程中的，或者将在生产、提供服务或日常管理过程中耗用的材料、物资、商品等。

（一）存货在取得时，应当以其实际成本入账。存货成本包括采购成本、加工成本和其他成本。其中，采购成本一般包括实际支付的采购价款、相关税费、运输费、装卸费、保险费以及其他可直接归属于存货采购的费用。加工成本包括直接人工以及按照合理方法分配的与存货加工有关的间接费用。其他成本是指除采购成本、加工成本以外的，使存货达到目前场所和状态所发生的其他支出。接受捐赠的存货，按照本制度第十六条的规定确定其成本。通过非货币性交易换入的存货，按照本制度第十八条的规定确定其成本。

（二）存货在发出时，应当根据实际情况采用个别计价法、先进先出法，或者加权平均法，确定发出存货的实际成本。

（三）存货应当定期进行清查盘点，每年至少盘点一次。对于发生的盘盈、盘亏以及变质、毁损等存货，应当及时查明原因，并根据民间非营利组织的管理权限，经理事会、董事会或类似权力机构批准后，在期末结账前处理完毕。对于盘盈的存货，应当按照其公允价值入账，并确认为当期收入；对于盘亏或者毁损的存货，应先扣除残料价值、可以收回的保险赔偿和过失人的赔偿等，将净损失确认为当期费用。

（四）期末，民间非营利组织应当按照本制度第十五条的规定对存货是否发生了减值进行检查。如果存货的可变现净值低于其账面价值，应当按照可变现净值低于账面价值的差额计提存货跌价准备，确认存货跌价损失并计入当期费用。如果存货的可变现净值高于其账面价值，应当在该存货期初已计提跌价准备的范围内转回可变现净值高于账面价值的差额，冲减当期费用。

本制度所称的可变现净值，是指在正常业务活动中，以存货的估计售价减去至完工将要发生的成本以及销售所必需的费用后的金额。

第二十五条

待摊费用是指民间非营利组织已经支出，但应当由本期和以后各期分别负担的、分摊期在1年以内（含1年）的各项费用，如预付保险费、预付租金等。

待摊费用应当按其受益期限在1年内分期平均摊销，计入有关费用。

第二十六条

长期投资是指除短期投资以外的投资，包括长期股权投资和长期债权投资等。

第二十七条

长期股权投资应当按照以下原则核算：

（一）长期股权投资在取得时，应当按取得时的实际成本作为初始投资成本。初始投资成本按以下方法确定：

1. 以现金购入的长期股权投资，按照实际支付的全部价款，包括税金、手续费等相关费用，作为初始投资成本。实际支付的价款中包含的已宣告但尚未领取的现金股利，应当作为应收款项单独核算，不构成初始投资成本。

2. 接受捐赠的长期股权投资，按照本制度第十六条的规定，确定其初始投资成本。

3. 通过非货币性交易换入的长期股权投资，按照本制度第十八条的规定确定其初始投资成本。

（二）长期股权投资应当区别不同情况，分别采用成本法或者权益法核算。如果民间非营利组织对被投资单位无控制、无共同控制且重大影响，长期股权投资应当采用成本法进行核算；如果民间非营利组织对被投资单位具有控制、共同控制或重大影响，长期股权投资应当采用权益法进行核算。

采用成本法核算时，被投资单位经股东大会或者类似权利机构批准宣告发放的利润或现金股利，作为当期投资收益。

采用权益法核算时，按应当享有或应当分担的被投资单位当年实现的净利润或发生的净亏损的份额调整投资账面价值，并作为当期投资损益。按被投资单位宣告分派的利润或现金股利计算分得的部分，减少投资账面价值。

被投资单位宣告分派的股票股利，不作账务处理，但应当设置辅助账，进行数量登记。

本制度所称的控制，是指有权决定被投资单位的财务和经营政策，并能据以从该单位的经济活动中获得利益；本制度所称的共同控制，是指按合同约定对某项经济活动所共有的控制；本制度所称的重大影响，是指对被投资单位的财务和经营政策有参与决策的权力，但并不决定这些政策。

（三）处置长期股权投资时，应当将实际取得价款与投资账面价值的差额确认为当期投资损益。

第二十八条

长期债权投资应当按照以下原则核算：

（一）长期债权投资在取得时，应当按取得时的实际成本作为初始投资成本。初始投资成本按以下方法确定：

1. 以现金购入的长期债权投资，按照实际支付的全部价款，包括税金、手续费等相关费用，作为初始投资成本。实际支付的价款中包含的已到付息期但尚未领取的债券利息，应当作为应收款项单独核算，不构成初始投资成本。

2. 接受捐赠取得的长期债权投资，按照本制度第十六条的规定确定其初始投资成本。

3. 通过非货币性交易换入的长期债权投资，按照本制度第十八条的规定确定其初始投资成本。

（二）长期债权投资应当按照票面价值与票面利率按期计算确认利息收入。长期债券投资的初始投资成本与债券面值之间的差额，应当在债券存续期间，按照直线法，于确认相关债券利息收入时予以摊销。

（三）持有可转换公司债券的民间非营利组织，可转换公司债券在购买以及转换为股份之前，应当按一般债券投资进行处理。当民间非营利组织行使转换权利，将其持有的债券投资转换为股份时，应当按其账面价值减去收到的现金后的余额，作为股权投资的初始投资成本。

（四）处置长期债权投资时，应当将实际取得价款与投资账面价值的差额，确认为当期投资损益。

第二十九条

民间非营利组织改变投资目的，将短期投资划转为长期投资，应当按短期投资的成本与市价孰低结转。

第三十条

期末，民间非营利组织应当按照本制度第十五条的规定对长期投资是否发生了减值进行检查。如果长期投资的可收回金额低于其账面价值，应当按照可收回金额低于账面价值的差额计提长期投资减值准备，确认长期投资减值损失并计入当期费用。如果长期投资的可收回金额高于其账面价值，应当在该长期投资期初已计提减值准备的范围内转回可收回金额高于账面价值的差额，冲减当期费用。

本制度所称可收回金额是指资产的销售净价与预期从该资产的持续使用和使用寿命结束时的处置中形成的预计未来现金流量的现值两者之中的较高者，其中销售净价指销售价值减资产处置费用后的余额。

第三十一条

固定资产是指同时具有以下特征的有形资产：

（一）为行政管理、提供服务、生产商品或者出租目的而持有的；

（二）预计使用年限超过 1 年；

（三）单位价值较高。

第三十二条

固定资产在取得时，应当按取得时的实际成本入账。取得时的实际成本包括买价、包装费、运输费、交纳的有关税金等相关费用，以及为使固定资产达到预定可使用状态前所必要的支出。固定资产取得时的实际成本应当根据以下具体情况分别确定：

（一）外购的固定资产，按照实际支付的买价、相关税费以及为使固定资产达到预定可使用状态前所发生的可直接归属于该固定资产的其他支出（如运输费、安装费、装卸费等）确定其成本。

如果以一笔款项购入多项没有单独标价的固定资产，按各项固定资产公允价值的比例对总成本进行分配，分别确定各项固定资产的成本。

（二）自行建造的固定资产，按照建造该项资产达到预定可使用状态前所发生的全部必要支出确定其成本。

（三）接受捐赠的固定资产，应当按照本制度第十六条的规定确定其成本。

（四）通过非货币性交易换入的固定资产，按照本制度第十八条的规定确定其成本。

（五）融资租入的固定资产，按照租赁协议或者合同确定的价款、运输费、途中保险费、安装调试费以及融资租入固定资产达到预定可使用的状态前发生的借款费用等确定其成本。

第三十三条

在建工程，包括施工前期准备、正在施工中的建筑工程、安装工程、技术改造工程等。工程项目较多且工程支出较大的，应当按照工程项目的性质分项核算。

第三十四条

在建工程应当按照所建造工程达到预定可使用状态前实际发生的全部必要支出确定其工程成本，并单独核算。在建工程的工程成本应当根据具体情况分别确定：

（一）对于自营工程，按照直接材料、直接人工、直接机械使用费等确定其成本。

（二）对于出包工程，按照应支付的工程价款等确定其成本。

第三十五条

为购建固定资产而发生的专门借款的借款费用在确定的允许资本化的期间内，应当按照专门借款的借款费用的实际发生额予以资本化，计入在建工程成本。这里的借款费用包括因借款而发生的利息、辅助费用以及因外币借款而发生的汇兑差额。

只有在以下三个条件同时具备时，因专门借款所发生的借款费用才允许开始资本化：

（一）资产支出已经发生；

（二）借款费用已经发生；

（三）为使资产达到预定可使用状态所必要的购建活动已经开始。

如果固定资产的购建活动发生非正常中断，并且中断时间连续超过3个月（含3个月），应当暂停借款费用的资本化，将中断期间内所发生的借款费用确认为当期费用，直至资产的购建活动重新开始。但是，如果中断是使购建的固定资产达到预定可使用状态所必要的程序，则借款费用的资本化应当继续进行。

当所购建的固定资产达到预定可使用状态时，应当停止借款费用的资本化。之后所发生的借款费用应当于发生时计入当期费用。通常所购建的固定资产达到以下状态时，应当视为所购建的固定资产已经达到预定可使用状态：

（一）固定资产的实体建造（包括安装）工作已经全部完成或者实质上已经完成；

（二）所购建的固定资产与设计要求或者合同要求相符或者基本相符，即使有极个别与设计或者合同要求不相符的地方，也不影响其正常使用。

（三）继续发生在所购建固定资产上的支出金额很少或者几乎不再发生。

第三十六条

所购建的固定资产已达到预定可使用状态时，应当自达到预定可使用状态之日起，将在建工程成本转入固定资产核算。

第三十七条

民间非营利组织应当对固定资产计提折旧，在固定资产的预计使用寿命内系统地分摊固定资产的成本。

民间非营利组织应当根据固定资产的性质和消耗方式，合理地确定固定资产的预计使用年限和预计净残值。

民间非营利组织应当按照固定资产所含经济利益或者服务潜力的预期实现方式选择折旧方法，可选用的折旧方法包括年限平均法、工作量法、双倍余额递减法和年数总和法。折旧方法一经确定，不得随意变更。如果由于固定资产所含经济利益或者服务潜力预期实现方式发生重大改变而确实需要变更的，应当在会计报表附注中披露相关信息。

第三十八条

民间非营利组织应当按月提取折旧，当月增加的固定资产，当月不提折旧，从下月起计提折旧；当月减少的固定资产，当月照提折旧，从下月起不提折旧。

第三十九条

与固定资产有关的后续支出，如果使可能流入民间非营利组织的经济利益或者服务潜力超过了原先的估计，如延长了固定资产的使用寿命，或者使服务质量实质性提高，或者使商品成本实质性降低，则应当计入固定资产账面价值，但其增计后的金额不应当超过该固定资产的可收回金额。其他后续支出，应当计入当期费用。

第四十条

民间非营利组织由于出售、报废或者毁损等原因而发生的固定资产清理净损益，应当计入当期收入或者费用。

第四十一条

用于展览、教育或研究等目的的历史文物、艺术品以及其他具有文化或者历史价值并作长期或者永久保存的典藏等，作为固定资产核算，但不必计提折旧。在资产负债表中，应当单列“文物文化资产”项目予以反映。

第四十二条

民间非营利组织对固定资产应当定期或者至少每年实地盘点一次。对盘盈、盘亏的固定资产，应当及时查明原因，写出书面报告，并根据管理权限经董事会、理事会或类似权力机构批准后，在期末结账前处理完毕。盘盈的固定资产应当按照其公允价值入账，并计入当期收入；盘亏的固定资产在减去过失人或者保险公司等赔款和残料价值之后计入当期费用。

第四十三条

民间非营利组织对固定资产的购建、出售、清理、报废和内部转移等都应当办理会计手续，并应当设置固定资产明细账（或者固定资产卡片）进行明细核算。

第四十四条

无形资产是指民间非营利组织为开展业务活动、出租给他人，或为管理目的而持有的、没有实物形态的、非货币性长期资产，包括专利权、非专利技术、商标权、著作权、土地使用权等。

第四十五条

无形资产在取得时，应当按照取得时的实际成本入账。

（一）购入的无形资产，按照实际支付的价款确定其实际成本。

（二）自行开发并按法律程序申请取得的无形资产，按依法取得时发生的注册费、聘请律师费等费用，作为无形资产的实际成本。依法取得前，在研究与开发过程中发生的材料费用、直接参与开发人员的工资及福利费、开发过程中发生的租金、借款费用等直接计入当期费用。

（三）接受捐赠的无形资产，按照本制度第十六条的规定确定其实际成本。

（四）通过非货币性交易换入的无形资产，按照本制度第十八条的规定确定其实际成本。

第四十六条

无形资产应当自取得当月起在预计使用年限内分期平均摊销，计入当期费用。如预计使用年限超过了相关合同规定的受益年限或法律规定的有效年限，该无形资产的摊销年限按如下原则确定：

（一）合同规定了受益年限但法律没有规定有效年限的，摊销期不应超过合同规定的受益年限；

（二）合同没有规定受益年限但法律规定了有效年限的，摊销期不应超过法律规定的有效年限；

（三）合同规定了受益年限，法律也规定了有效年限的，摊销期不应超过受益年限和有效年限两者之中较短者。

如果合同没有规定受益年限，法律也没有规定有效年限的，摊销期不应超过 10 年。

第四十七条

民间非营利组织处置无形资产，应当将实际取得的价款与该项无形资产的账面价值之间的差额，计入当期收入或者费用。

第四十八条

受托代理资产，是指民间非营利组织因从事受托代理交易而从委托方取得的资产。在受托代理交易过程中，民间非营利组织通常只是从委托方收到受托资产，并按照委托人的意愿将资产转赠给指定的其他组织或者个人，或者按照有关规定将资产转交给指定的其他组织或者个人，民间非营利组织本身只是在交易过程中起中介作用。无权改变受托代理资产的用途或者变更受益人。

民间非营利组织应当对受托代理资产比照接受捐赠资产的原则进行确认和计量原则，但在确认一项受托代理资产时，应当同时确认一项受托代理负债。

负　债

第四十九条

负债是指过去的交易或者事项形成的现时义务，履行该义务预期会导致含有经济利益或者服务潜力的资源流出民间非营利组织。负债应当按其流动性分为流动负债、长期负债和受托代理负债等。

第五十条

或有事项是指过去的交易或者事项形成的一种状况，其结果须通过未来不确定事项的发生或不发生予以证实。

如果与或有事项相关的义务同时符合以下条件，应当将其确认为负债，以清偿该负债所需支出的最佳估计数予以计量，并在资产负债表中单列项目予以反映：

（一）该义务是民间非营利组织承担的现时义务；

（二）该义务的履行很可能导致含有经济利益或者服务潜力的资源流出民间非营利组织；

（三）该义务的金额能够可靠地计量。

第五十一条

流动负债是指将在1年内（含1年）偿还的负债，包括短期借款、应付款项、应付工资、应交税金、预收账款、预提费用和预计负债等。

（一）短期借款是指民间非营利组织向银行或其他金融机构等借入的期限在1年以下（含1年）的各种借款。

（二）应付款项是指民间非营利组织在日常业务活动过程中发生的各项应付票据、应付账款和其他应付款等应付未付款项。

（三）应付工资是指民间非营利组织应付未付的员工工资。

（四）应交税金是指民间非营利组织应交未交的各种税费。

（五）预收账款是指民间非营利组织向服务和商品购买单位预收的各种款项。

（六）预提费用是指民间非营利组织预先提取的已经发生但尚未支付的费用，如预提的租金、保险费、借款利息等。

（七）预计负债是指民间非营利组织对因或有事项所产生的现时义务而确认的负债。

第五十二条

各项流动负债应当按实际发生额入账。

短期借款应当按照借款本金和确定的利率按期计提利息，计入当期费用。

第五十三条

长期负债是指偿还期限在1年以上（不含1年）的负债，包括长期借款、长期应付款和其他长期负债。

（一）长期借款是指民间非营利组织向银行或其他金融机构等借入的期限在 1 年以上（不含 1 年）的各种借款。

（二）长期应付款主要是指民间非营利组织融资租入固定资产发生的应付租赁款。

（三）其他长期负债是指除长期借款和长期应付款外的长期负债。

第五十四条

各项长期负债应当按实际发生额入账。

第五十五条

受托代理负债是指民间非营利组织因从事受托代理业务、接受受托代理资产而产生的负债。受托代理负债应当按照相对应的受托代理资产的金额予以确认和计量。

净 资 产

第五十六条

民间非营利组织的净资产是指资产减去负债后的余额。净资产应当按照其是否受到限制，分为限定性净资产和非限定性净资产等。

如果资产或者资产所产生的经济利益（如资产的投资收益和利息等）的使用受到资产提供者或者国家有关法律行政法规所设置的时间限制或（和）用途限制，则由此形成的净资产即为限定性净资产；国家有关法律行政法规对净资产的使用直接设置限制的，该受限制的净资产亦为限定性净资产；除此之外的其他净资产，即为非限定性净资产。

本制度所称的时间限制，是指资产提供者或者国家有关法律行政法规要求民间非营利组织在收到资产后的特定时期之内或特定日期之后使用该项资产，或者对资产的使用设置了永久限制。

本制度所称的用途限制，是指资产提供者或者国家有关法律、行政法规要求民间非营利组织将收到的资产用于某一特定的用途。

民间非营利组织的董事会、理事会或类似机构对净资产的使用所作的限定性决策、决议或拨款限额等，属于民间非营利组织内部管理上对资产使用所作的限制，不属于本制度所界定的限定性净资产。

第五十七条

如果限定性净资产的限制已经解除，应当对净资产进行重新分类，将限定性净资产转为非限定性净资产。

当存在下列情况之一时，可以认为限定性净资产的限制已经解除：

（一）所限定净资产的限制时间已经到期；

（二）所限定净资产规定的用途已经实现（或者目的已经达到）；

（三）资产提供者或者国家有关法律行政法规撤销了所设置的限制。

如果限定性净资产受到两项或两项以上的限制，应当在最后一项限制解除时，才能认为该项限定性净资产的限制已经解除。

收　入

第五十八条

收入是指民间非营利组织开展业务活动取得的、导致本期净资产增加的经济利益或者服务潜力的流入，收入应当按照其来源分为捐赠收入、会费收入、提供服务收入、政府补助收入、投资收益、商品销售收入等主要业务活动收入和其他收入等。

（一）捐赠收入是指民间非营利组织接受其他单位或者个人捐赠所取得的收入。

（二）会费收入是指民间非营利组织根据章程等的规定向会员收取的会费收入。

（三）提供服务收入是指民间非营利组织根据章程等的规定向其服务对象提供服务取得的收入，包括学费收入、医疗费收入、培训收入等。

（四）政府补助收入是指民间非营利组织接受政府拨款或者政府机构给予的补助而取得的收入。

（五）商品销售收入是指民间非营利组织销售商品（如出版物、药品等）等所形成的收入。

（六）投资收益是指民间非营利组织因对外投资取得的投资净损益。

民间非营利组织如果有除上述捐赠收入、会费收入、提供服务收入、政府补助收入、商品销售收入、投资收益之外的其他主要业务活动收入，也应当单独核算。

（七）其他收入是指除上述主要业务活动收入以外的其他收入，如固定资产处置净收入、无形资产处置净收入等。

对于民间非营利组织接受的劳务捐赠，不予确认，但应当在会计报表附注中作相关披露。

第五十九条

民间非营利组织在确认收入时，应当区分交换交易所形成的收入和非交换交易所形成的收入。

（一）交换交易是指按照等价交换原则所从事的交易，即当某一主体取得资产、获得服务或者解除债务时，需要向交易对方支付等值或者大致等值的现金，如提供等值或者大致等值的货物、服务等的交易。如按照等价交换原则销售商品、提供劳务等均属于交换交易。对于因交换交易所形成的商品销售收入，应当在下列条件同时满足时予以确认：

1. 已将商品所有权上的主要风险和报酬转移给购货方；

2. 既没有保留通常与所有权相联系的继续管理权，也没有对已售出的商品实施控制；

3. 与交易相关的经济利益能够流入民间非营利组织；

4. 相关的收入和成本能够可靠地计量。

对于因交换交易所形成的提供劳务收入，应当按以下规定予以确认：

1. 在同一会计年度内开始并完成的劳务，应当在完成劳务时确认收入；

2. 如果劳务的开始和完成分属不同的会计年度，可以按完工进度或完成的工作量确认收入。

对于因交换交易所形成的因让渡资产使用权而发生的收入应当在下列条件同时满足时予以确认：

1. 与交易相关的经济利益能够流入民间非营利组织；

2. 收入的金额能够可靠地计量。

（二）非交换交易是指除交换交易之外的交易。在非交换交易中，某一主体取得资产、获得服务或者解除债务时，不必向交易对方支付等值或者大致等值的现金，或者提供等值或者大致等值的货物、服务等；或者某一主体在对外提供货物、服务等时，没有收到等值或者大致等值的现金、货物等。如捐赠、政府补助等属于非交换交易。

对于因非交换交易所形成的收入，应当在同时满足下列条件时予以确认：

1. 与交换相关的经济利益或者服务潜力的资源能够流入民间非营利组织并为其所控制，或者相关的债务能够得到解除；

2. 交换能够引起净资产的增加；

3. 收入的金额能够可靠地计量。

一般情况下，对于无条件的捐赠或政府补助，应当在捐赠或政府补助收到时确认收入；对于附条件的捐赠或政府补助，应当在取得捐赠资产或政府补助资产控制权时确认收入，但当民间非营利组织存在需要偿还全部或部分捐赠资产（或者政府补助资产）或者相应金额的现时义务时，应当根据需要偿还的金额同时确认一项负债和费用。

第六十条

民间非营利组织对于各项收入应当按是否存在限定区分为非限定性收入和限定性收入进行核算。

如果资产提供者对资产的使用设置了时间限制或者（和）用途限制，则所确认的相关收入为限定性收入；除此之外的其他所有收入，为非限定性收入。

民间非营利组织的会费收入、提供服务收入、商品销售收入和投资收益等一般为非限定性收入，除非相关资产提供者对资产的使用设置了限制；民间非营利组织的捐赠收入和政府补助收入，应当视相关资产提供者对资产的使用是否设置了限制，分别限定性收入和非限定性收入进行核算。

第六十一条

期末，民间非营利组织应当将本期限定性收入和非限定性收入分别结转至净资产项下的限定性净资产和非限定性净资产。

费　用

第六十二条

费用是指民间非营利组织为开展业务活动所发生的、导致本期净资产减少的经济利益或者服务潜力的流出。费用应当按照其功能分为业务活动成本、管理费用、筹资费用和其他费用等。

（一）业务活动成本，是指民间非营利组织为了实现其业务活动目标、开展其项目活动或者提供服务所发生的费用。如果民间非营利组织从事的项目、提供的服务或者开展的业务比较单一，可以将相关费用全部归集在“业务活动成本”项目下进行核算和列报；如果民间非营利组织从事的项目、提供的服务或者开展的业务种类较多，民间非营利组织应当在“业务活动成本”项目下分别项目、服务或者业务大类进行核算和列报。

（二）管理费用，是指民间非营利组织为组织和管理其业务活动所发生的各项费用。包括民间非营利组织董事会（或者理事会或者类似权利机构）经费和行政管理人员的工资、奖金、住房公积金、住房补贴、社会保障费、离退休人员工资与补助，以及办公费、水电费、邮电费、物业管理费、差旅费、折旧费、修理费、租赁费、无形资产摊销费、资产盘亏损失、资产减值损失、因预计负债所产生的损失、聘请中介机构费和应偿还的受赠资产等。其中，福利费应当依法根据民间非营利组织的管理权限，按照董事会、理事会或类似权力机构等的规定据实列支。

（三）筹资费用，是指民间非营利组织为筹集业务活动所需资金而发生的费用，包括民间非营利组织为了获得捐赠资产而发生的费用以及应当计入当期费用的借款费用、汇兑损失（减汇兑收益）等。民间非营利组织为了获得捐赠资产而发生的费用包括举办募款活动费、准备、印刷和发放募款宣传资料费以及其他与募款或者争取捐赠资产有关的费用。

（四）其他费用，是指民间非营利组织发生的、无法归属到上述业务活动成本、管理费用或者筹资费用中的费用，包括固定资产处置净损失、无形资产处置净损失等。

民间非营利组织的某些费用如果属于多项业务活动或者属于业务活

动、管理活动和筹资活动等共同发生的，而且不能直接归属于某一类活动，应当将这些费用按照合理的方法在各项活动中进行分配。

第六十三条

民间非营利组织发生的业务活动成本、管理费用、筹资费用和其他费用，应当在实际发生时按其发生额计入当期费用。

第六十四条

期末，民间非营利组织应当将本期发生的各项费用结转至净资产项下的非限定性净资产，作为非限定性净资产的减项。

财务报告

第六十五条

财务会计报告是反映民间非营利组织财务状况、业务活动情况和现金流量等的书面报告。

第六十六条

财务会计报告分为年度财务会计报告和中期财务会计报告。以短于一个完整的会计年度的期间（如半年度、季度和月度）编制的财务会计报告称为中期财务会计报告。年度财务会计报告则是以整个会计年度为基础编制的财务会计报告。

第六十七条

财务会计报告由会计报表、会计报表附注和财务情况说明书组成。民间非营利组织对外提供的财务会计报告的内容、会计报表的种类和格式、会计报表附注应予披露的主要内容等，由本制度规定；民间非营利组织内部管理需要的会计报表由单位自行规定。

民间非营利组织在编制中期财务会计报告时，应当采用与年度会计报表相一致的确认与计量原则。中期财务会计报告的内容相对于年度财务会计报告而言可以适当简化，但是，它仍然应当保证包括了与理解中期期末财务状况和中期业务活动情况及其现金流量相关的重要财务信息。

第六十八条

民间非营利组织采用的会计政策前后各期应当保持一致，不得随意变更，除非符合下列条件之一：

（一）法律或会计制度等行政法规、规章的要求；

（二）这种变更能够提供有关民间非营利组织财务状况、业务活动情况和现金流量等更可靠、更相关的会计信息。

民间非营利组织应当采用追溯调整法核算会计政策的变更，如果追溯调整法不可行，则应当采用未来适用法核算；如果相关法律或会计制度等另有规定，则应当按照相关规定进行核算。

本制度中所称追溯调整法，是指对某项交易或者事项变更会计政策时，如同该交易或者事项初次发生时就开始采用新的会计政策，并以此对相关项目进行调整的方法；本制度所称未来适用法，是指对某项交易或者事项变更会计政策时，新的会计政策适用于变更当期及未来期间发生的交易或者事项的方法。

第六十九条

资产负债表日至财务会计报告批准报出日之间发生的需要调整或说明的有利或不利事项，属于资产负债表日后事项。对于资产负债表日后事项，应当区分调整事项和非调整事项进行处理。

调整事项，是指资产负债表日后至财务会计报告批准报出日之间发生的，为资产负债表日已经存在的情况提供了新的或进一步证据，有助于对资产负债表日存在情况有关的金额作出重新估计的事项。民间非营利组织应当就调整事项，对资产负债表日所确认的相关资产、负债和净资产，以及资产负债表日所属期间的相关收入、费用等进行调整。

非调整事项，是指资产负债表日后至财务会计报告批准报出日之间才发生的，不影响资产负债表日的存在情况，但不加以说明将会影响财务会计报告使用者作出正确估计和决策的事项。民间非营利组织应当在会计报表附注中披露非调整事项的性质、内容，以及对财务状况和业务活动情况的影响。如无法估计其影响，应当说明理由。

第七十条

财务会计报告中的会计报表至少应当包括以下三张报表：

（一）资产负债表；

（二）业务活动表；

（三）现金流量表。

第七十一条

会计报表附注至少应当包括下列内容：

（一）重要会计政策及其变更情况的说明；

（二）董事会（或者理事会或者类似权利机构）成员和员工的数量、变动情况以及获得的薪金等报酬情况的说明；

（三）会计报表重要项目及其增减变动情况的说明；

（四）资产提供者设置了时间或用途限制的相关资产情况的说明；

（五）受托代理交易情况的说明，包括受托代理资产的构成、计价基础和依据、用途等；

（六）重大资产减值情况的说明；

（七）公允价值无法可靠取得的受赠资产和其他资产的名称、数量、来源和用途等情况的说明；

（八）对外承诺和或有事项情况的说明；

（九）接受劳务捐赠情况的说明；

（十）资产负债表日后非调整事项的说明；

（十一）有助于理解和分析会计报表需要说明的其他事项。

第七十二条

财务情况说明书至少应当对下列情况作出说明：

（一）民间非营利组织的宗旨、组织结构以及人员配备等情况；

（二）民间非营利组织业务活动基本情况，年度计划和预算完成情况，产生差异的原因分析，下一会计期间业务活动计划和预算等；

（三）对民间非营利组织运作有重大影响的其他事项。

第七十三条

民间非营利组织对外投资，而且占对被投资单位资本总额50%以上（不含50%），或者虽然占该单位资本总额不足50%但具有实质上的控制权的，或者对被投资单位具有控制权的，应当编制合并会计报表。

第七十四条

民间非营利组织的年度财务会计报告至少应当于年度终了后4个月内对外提供。如果民间非营利组织被要求对外提供中期财务会计报告的，应当在规定的时间内对外提供。

会计报表的填列，以人民币“元”为金额单位，“元”以下填至“分”。

第七十五条

民间非营利组织对外提供的财务会计报告应当依次编定页数，加具封面，装订成册，加盖公章。封面上应当注明：组织名称、组织登记证号、组织形式、地址、报表所属年度或者中期、报出日期，并由单位负责人和主管会计工作的负责人、会计机构负责人（会计主管人员）签名并盖章；设置总会计师的单位，还应当由总会计师签名并盖章。

附　则

第七十六条　本制度自2005年1月1日起施行。

2.《民间非营利组织会计制度》若干问题的解释

（财会〔2020〕9号）

一、关于社会服务机构等非营利组织的会计核算

根据《民间非营利组织会计制度》（财会〔2004〕7号，以下简称《民非制度》）第二条规定，同时具备《民非制度》第二条第二款所列三项特征的非营利性民办学校、医疗机构等社会服务机构，境外非政府组织在中国境内依法登记设立的代表机构应当按照《民非制度》进行会计核算。

二、关于接受非现金资产捐赠

（一）对于民间非营利组织接受捐赠的存货、固定资产等非现金资产，应当按照《民非制度》第十六条的规定确定其入账价值。

（二）对于以公允价值作为其入账价值的非现金资产，民间非营利组织应当按照《民非制度》第十七条所规定的顺序确定公允价值。

《民非制度》第十七条第一款第（一）项规定的“市场价格”，一般指取得资产当日捐赠方自产物资的出厂价、捐赠方所销售物资的销售价、政府指导价、知名大型电商平台同类或者类似商品价格等。

《民非制度》第十七条第一款第（二）项规定的“合理的计价方法”，包括由第三方机构进行估价等。

（三）对于民间非营利组织接受非现金资产捐赠时发生的应归属于其自身的相关税费、运输费等，应当计入当期费用，借记“筹资费用”科目，贷记“银行存款”等科目。

（四）民间非营利组织接受捐赠资产的有关凭据或公允价值以外币计量的，应当按照取得资产当日的市场汇率将外币金额折算为人民币金额记账。当汇率波动较小时，也可以采用当期期初的汇率进行折算。

三、关于受托代理业务

（一）《民非制度》第四十八条规定的“受托代理业务”是指有明确的转赠或者转交协议，或者虽然无协议但同时满足以下条件的业务：

1. 民间非营利组织在取得资产的同时即产生了向具体受益人转赠或转交资产的现时义务，不会导致自身净资产的增加。

2. 民间非营利组织仅起到中介而非主导发起作用，帮助委托人将资产转赠或转交给指定的受益人，并且没有权利改变受益人，也没有权利改变资产的用途。

3. 委托人已明确指出了具体受益人个人的姓名或受益单位的名称，包括从民间非营利组织提供的名单中指定一个或若干个受益人。

（二）民间非营利组织从事受托代理业务时发生的应归属于其自身的相关税费、运输费等，应当计入当期费用，借记“其他费用”科目，贷记“银行存款”等科目。

四、关于长期股权投资

（一）对于因接受股权捐赠形成的表决权、分红权与股权比例不一致的长期股权投资，民间非营利组织应当根据《民非制度》第二十七条的规定，并结合经济业务实质判断是否对被投资单位具有控制、共同控制或重大影响关系。

（二）民间非营利组织因对外投资对被投资单位具有控制权的，应当按照《民非制度》第二十七条的规定采用权益法进行核算，并在会计报表附注中披露投资净损益和被投资单位财务状况、经营成果等信息。

五、关于限定性净资产

（一）《民非制度》第五十六条规定的限定性净资产中所称的“限制”，是指由民间非营利组织之外的资产提供者或者国家有关法律、行政法规所设置的。该限制只有在比民间非营利组织的宗旨、目的或章程等关于资产使用的要求更为具体明确时，才能成为《民非制度》所称的“限制”。

（二）民间非营利组织应当根据《民非制度》第五十七条的规定，区分以下限制解除的不同情况，确定将限定性净资产转为非限定性净资产的金额：

1. 对于因资产提供者或者国家有关法律、行政法规要求在收到资产后的特定时期之内使用该项资产而形成的限定性净资产，应当在相应期间之内按照实际使用的相关资产金额转为非限定性净资产。

2. 对于因资产提供者或者国家有关法律、行政法规要求在收到资产后的特定日期之后使用该项资产而形成的限定性净资产，应当在该特定日期全额转为非限定性净资产。

3. 对于因资产提供者或者国家有关法律、行政法规设置用途限制而形成的限定性净资产，应当在使用时按照实际用于规定用途的相关资产金额转为非限定性净资产。

其中，对固定资产、无形资产仅设置用途限制的，应当自取得该资产开始，按照计提折旧或计提摊销的金额，分期将相关限定性净资产转为非限定性净资产。在处置固定资产、无形资产时，应当将尚未重分类的相关限定性净资产全额转为非限定性净资产。

4. 如果资产提供者或者国家有关法律、行政法规要求民间非营利组织在特定时期之内或特定日期之后将限定性净资产用于特定用途，应当在相应期间之内或相应日期之后按照实际用于规定用途的相关资产金额转为非限定性净资产。

其中，要求在收到固定资产、无形资产后的某个特定时期之内将该项资产用于特定用途的，应当在该规定时期内，对相关限定性净资产金额按期平均分摊，转为非限定性净资产。

要求在收到固定资产、无形资产后的某个特定日期之后将该项资产用于特定用途的，应当在特定日期之后，自资产用于规定用途开始，在资产预计剩余使用年限内，对相关限定性净资产金额按期平均分摊，转为非限定性净资产。

与限定性净资产相关的固定资产、无形资产，应当按照《民非制度》规定计提折旧或计提摊销。

5. 对于资产提供者或者国家有关法律、行政法规撤销对限定性净资产所设置限制的，应当在撤销时全额转为非限定性净资产。

（三）资产提供者或者国家有关法律、行政法规对以前期间未设置限制的资产增加限制时，应当将相关非限定性净资产转为限定性净资产，借记“非限定性净资产”科目，贷记“限定性净资产”科目。

六、关于注册资金

（一）执行《民非制度》的社会团体、基金会、社会服务机构设立时取得的注册资金，应当直接计入净资产。注册资金的使用受到时间限制或用途限制的，在取得时直接计入限定性净资产；其使用没有受到时间限制和用途限制的，在取得时直接计入非限定性净资产。

前款规定的注册资金，应当在现金流量表“收到的其他与业务活动有关的现金”项目中填列。

（二）社会团体、基金会、社会服务机构变更登记注册资金属于自愿采取的登记事项变更，并不引起资产和净资产的变动，无需进行会计处理。

七、关于承接政府购买服务取得的收入

按照《民非制度》第五十九条的规定，民间非营利组织承接政府购买服务属于交换交易，取得的相关收入应当记入“提供服务收入”等收入类科目，不应当记入“政府补助收入”科目。

八、关于存款利息

民间非营利组织取得的存款利息，属于《民非制度》第三十五条规定的“为购建固定资产而发生的专门借款”产生且在“允许资本化的期间内”的，应当冲减在建工程成本；除此以外的存款利息应当计入其他收入。

九、关于境外非政府组织代表机构的总部拨款收入

（一）执行《民非制度》的境外非政府组织代表机构（下同）应当增设“4701 总部拨款收入”科目，核算从其总部取得的拨款收入。

（二）境外非政府组织代表机构取得总部拨款收入时，按照取得的金额，借记“现金”、“银行存款”等科目，贷记本科目。

（三）期末，将本科目本期发生额转入非限定性净资产，借记本科目，贷记“非限定性净资产”科目。

如果存在限定性总部拨款收入，则应当在本科目设置“限定性收入”、“非限定收入”明细科目，在期末将“限定性收入”明细科目本期发生额转入限定性净资产。

（四）境外非政府组织代表机构应当在业务活动表收入部分“投资收益”项目与“其他收入”项目之间增加“总部拨款收入”项目。本项目应当根据“总部拨款收入”科目的本期发生额填列。

十、关于资产减值损失

（一）按照《民非制度》第七十一条第（六）项规定，会计报表附注应当披露“重大资产减值情况的说明”。民间非营利组织应当在“管理费用”科目下设置“资产减值损失”明细科目，核算因提取资产减值准备而确认的资产减值损失。

（二）长期投资、固定资产、无形资产的资产减值损失一经确认，在以后会计期间不得转回。

十一、关于出资设立其他民间非营利组织

（一）民间非营利组织按规定出资设立其他民间非营利组织，不属于《民非制度》规定的长期股权投资，应当计入当期费用。设立与实现本组织业务活动目标相关的民间非营利组织的，相关出资金额记入“业务活动成本”科目；设立与实现本组织业务活动目标不相关的民间非营利组织的，相关出资金额记入“其他费用”科目。

（二）本解释施行前民间非营利组织出资设立其他民间非营利组织并将出资金额计入长期股权投资的，应当自本解释施行之日，将原“长期股权投资”科目余额中对其他民间非营利组织的出资金额转入“非限定性净资产”科目（以前年度出资）或“业务活动成本”、“其他费用”科目（本年度出资）。

十二、关于关联方关系及其交易的披露

民间非营利组织与关联方发生关联方交易的，应当按照《民非制度》第七十一条第（十一）项规定，在会计报表附注中披露该关联方关系的性质、交易类型及交易要素。

（一）本解释所称的交易要素，至少应当包括：

1. 交易的金额。

2. 未结算项目的金额、条款和条件。

3. 未结算应收项目的坏账准备金额。

4. 定价政策。

（二）本解释所称关联方，是指一方控制、共同控制另一方或对另一方施加重大影响，以及两方或两方以上同受一方控制、共同控制或重大影响的相关各方。以下各方构成民间非营利组织的关联方：

1. 该民间非营利组织的设立人及其所属企业集团的其他成员单位。

2. 该民间非营利组织控制、共同控制或施加重大影响的企业。

3. 该民间非营利组织设立的其他民间非营利组织。

4. 由该民间非营利组织的设立人及其所属企业集团的其他成员单位共同控制或施加重大影响的企业。

5. 由该民间非营利组织的设立人及其所属企业集团的其他成员单位设立的其他民间非营利组织。

6. 该民间非营利组织的关键管理人员及与其关系密切的家庭成员。关键管理人员，是指有权力并负责计划、指挥和控制民间非营利组织活动的人员。与关键管理人员关系密切的家庭成员，是指在处理与该组织的交易时可能影响该个人或受该个人影响的家庭成员。关键管理人员一般包括：民间非营利组织负责人、理事、监事、分支（代表）机构负责人等。

7. 该民间非营利组织的关键管理人员或与其关系密切的家庭成员控制、共同控制或施加重大影响的企业。

8. 该民间非营利组织的关键管理人员或与其关系密切的家庭成员设立的其他民间非营利组织。

此外，以面向社会开展慈善活动为宗旨的民间非营利组织（包括社会团体、基金会、社会服务机构等），与《中华人民共和国慈善法》所规定的主要捐赠人也构成关联方。

（三）本解释所称关联方交易，是指关联方之间转移资源、劳务或义务的行为，而不论是否收取价款。关联方交易的类型通常包括以下各项：

1. 购买或销售商品及其他资产。

2. 提供或接受劳务。

3. 提供或接受捐赠。

4. 提供资金。

5. 租赁。

6. 代理。

7. 许可协议。

8. 代表民间非营利组织或由民间非营利组织代表另一方进行债务结算。

9. 关键管理人员薪酬。

十三、关于生效日期

本解释自公布之日起施行。

3. 北京市财政局 北京市民政局关于印发《北京市民办非营利养老服务机构财务管理办法》的通知

（京财社〔2021〕199号）

各区财政局、民政局、全市民办非营利养老服务机构：

为规范本市民办非营利养老服务机构财务行为，加强民办非营利养老服务机构财务管理，促进民办非营利养老服务机构健康有序发展，根据《中华人民共和国会计法》、财政部《民间非营利组织会计制度》等有关法律法规政策规定，市财政局、市民政局联合制定了《北京市民办非营利养老服务机构财务管理办法》，现印发给你们，请认真贯彻执行。

北京市财政局　北京市民政局

2021年2月1日

北京市民办非营利养老服务机构财务管理办法

第一章　总　则

第一条　为规范民办非营利养老服务机构（以下简称非营利养老服务机构）财务行为，加强非营利养老服务机构财务管理，根据《中华人民共和国会计法》《民办非企业单位登记管理暂行条例》《养老机构管理办法》《民间非营利组织会计制度》《〈民间非营利组织会计制度〉若干问题的解释》《会计基础工作规范》等有关法规政策以及财政部有关内部控制规范的相关要求，制定本办法。

第二条　本办法适用对象为市、区民政部门登记注册并在区民政部门备案的为老年人提供全日集中住宿和照料护理服务，床位数在10张以上的非营利养老服务机构。

第三条　非营利养老服务机构法定代表人或者负责人对会计工作和会计资料真实性、完整性负责，并对本单位内部会计控制的建立健全及有效实施负责。

第四条　非营利养老服务机构财务管理的主要任务：

（一）建立健全内部财务管理制度，加强财务监督，保障经费使用合法合规。

（二）认真执行《民间非营利组织会计制度》（含解释），及时、准确、完整地进行会计核算，编制财务预决算和财务会计报告，真实反映单位财务状况，开展财务分析。

（三）加强财产物资管理，维护资产的完整和安全，防止资产流失和浪费。

（四）提高资金使用效率，降低费用，节约开支。

第五条　非营利养老服务机构应当根据国家有关法律、行政法规和内部会计控制规范，结合本单位实际，制定相适应的内部会计控制制度，加强内部会计监督，提高会计信息质量和管理水平。

第二章　会计机构与会计人员

第六条　非营利养老服务机构应当根据会计业务的需要，设置会计机构，或者在有关机构中设置会计人员并指定会计主管人员；不具备设置条件的，应当委托经批准设立从事会计代理记账业务的中介机构代理记账。

第七条　非营利养老服务机构会计人员应当遵守《中华人民共和国会计法》等法律法规和国家统一的会计制度，具备良好的职业道德，按照国家有关规定参加继续教育，具备从事会计工作所需要的专业能力。

第八条　会计和出纳人员应实行岗位分设，不得兼任。出纳人员不得兼任稽核、会计档案保管和收入、支出、费用、债权债务账目的登记工作。

第九条　单位法定代表人或者负责人的直系亲属不得担任本单位的会计机构负责人、会计主管人员。会计机构负责人、会计主管人员的直系亲属不得在本单位会计机构中担任出纳工作。

第十条　非营利养老服务机构财会人员工作调动或离职时，必须按规定与接管人员办清交接手续。一般会计人员办理交接手续，由会计机构负责人（会计主管人员）监交；会计机构负责人（会计主管人员）办理交接手续，由单位负责人监交，必要时备案的民政部门可以派人会同监交。

第三章 会计核算

第十一条 非营利养老服务机构应按照《中华人民共和国会计法》《民间非营利组织会计制度》（含解释）等规定，设置会计科目，登记会计账簿，进行会计核算，编制财务会计报告，有条件的应实行会计电算化管理。

登记会计账簿，必须以经过审核的会计凭证为依据。

记账凭证应当根据经过审核的原始凭证及有关资料编制。

第十二条 会计核算应当以非营利养老服务机构持续经营为前提，以权责发生制为基础，采用借贷记账法。会计核算应当划分会计期间，分期结算账目和编制财务会计报告。

第十三条 会计核算应当以非营利养老服务机构实际发生的交易或者事项为对象，记录和反映单位本身的各项业务活动。

任何单位不得以虚假经济业务事项或者资料进行会计核算。

第十四条 非营利养老服务机构开立、变更银行账号和刻制财务专用章等事宜应报登记管理机关备案。

第十五条 非营利养老服务机构银行账户只限本单位会计核算使用，不得向其他个人或单位出借、出租。

第十六条 非营利养老服务机构所有财务收支应当全部纳入本单位财务账户统一管理、统一核算，不得建立账外账。

第四章 收入管理

第十七条 非营利养老服务机构的收入必须合法取得。按其来源分为捐赠收入、提供服务收入、政府补助收入、商品销售收入、投资收益以及其他收入等。

记账时应严格区分应税收入和非应税收入，不得混淆，各项应税收入，要按照税收法律、行政法规等规定办理纳税申报。

第十八条 非营利养老服务机构接受社会捐赠应坚持自愿和无偿的原则，不得强行或者变相摊派，不得接受附加利益回报条件的捐赠。

非营利养老服务机构接受社会捐赠应当每年向民政部门报告接受捐赠

的有关情况，并应当将有关情况以适当方式向社会公布。

非营利养老服务机构接受境外捐赠时，应作为重大事项向民政部门报告，不得接受附加违反法律法规和违背社会公德条件的捐赠。

第十九条　非营利养老服务机构收取经营服务性收费应当遵循自愿、公平、公开的原则，收费标准应向社会公示。

第二十条　非营利养老服务机构各项收入除用于自身有关的、合理的支出外，应当全部用于章程规定的非营利事业。

第五章　费用管理

第二十一条　非营利养老服务机构的费用可分为业务活动成本、管理费用、筹资费用和其他费用。

第二十二条　非营利养老服务机构的费用必须真实、合法，凡取得的增值税发票必须通过“国家税务总局全国增值税发票查验平台”查验属实后方可报销入账。不得用虚假发票、白条或不真实的发票入账。

第二十三条　非营利养老服务机构必须建立健全内部会计监督制度，明确各项经费开支范围和标准、审批程序和权限并应严格执行。

第二十四条　非营利养老服务机构接收的政府补助（补贴）专项经费应按补助（补贴）名称单列明细科目核算，使用时必须执行国家有关部门的规定单独核算、专款专用，不得超出使用范围和标准。期末结余列入限定性净资产管理。

第二十五条　非营利养老服务机构承接政府购买服务取得的收入，应按项目单列科目核算。根据提供服务的实际需要，按照非营利养老服务机构适用的财务管理制度支配和使用。

第二十六条　非营利养老服务机构接收的捐赠资产，应在章程规定的宗旨和业务范围内，根据与捐赠人约定的期限、方式和用途进行使用管理，并及时向社会公开捐赠资产的使用管理情况。

第六章　资产管理

第二十七条　非营利养老服务机构的资产来源必须合法，发起人不享有对资产的所有权。任何单位和个人不得侵占、私分或者挪用非营利养老服务机构的资产。

第二十八条 非营利养老服务机构应当对资产实行分类管理，建立健全资产管理制度。

第二十九条 非营利养老服务机构应加强流动资产、固定资产、对外投资等资产的清查和管理。

第三十条 非营利养老服务机构应建立现金和银行存款日记账制度，按照业务发生顺序逐日逐笔登记，做到日清月结，账款相符。

第三十一条 非营利养老服务机构的现金管理，应按照《现金管理暂行条例》，严格执行现金库存限额、现金使用范围、现金发放手续等规定。除发放工资、福利、劳酬、差旅费和《现金管理暂行条例》规定限额以下的零星支出外，其余应通过银行、非银行金融平台（微信、支付宝等）办理转账结算业务。

非营利养老服务机构取得的现金收入，应及时存入银行账户，不得从现金中直接支付。

第三十二条 非营利养老服务机构的应收款项，应按照实际发生额入账，设置明细账进行明细核算。

第三十三条 非营利养老服务机构的存货，应按照实际成本入账，定期进行清查盘点。

第三十四条 固定资产是指为行政管理、提供服务、生产商品或者出租目的而持有的，预计使用年限超过 1 年，单位价值较高的有形资产。包括土地、房屋及构筑物；通用设备；专用设备；文物和陈列品；图书、档案；家具、用具、装具及动植物。

非营利养老服务机构应建立固定资产总账、明细账和账卡，完善固定资产购置、领用、处置、清查盘点等日常管理制度。单位应根据自身资产状况确认固定资产的金额标准。

第三十五条 非营利养老服务机构合并、分立的，应办理资产的清查、移交事项。

非营利养老服务机构终止时，应当成立清算小组，做好资产和债权债务清算工作。终止后的剩余财产，应当按照单位章程的规定或者单位理事会的决议用于公益目的；无法按以上方式处理的，由登记的民政部门主持转给宗旨相同或者相近的法人，并向社会公告。

第七章　负债管理

第三十六条　负债是指过去的交易或者事项形成的现时义务，履行该义务预期会导致含有经济利益或者服务潜力的资源流出非营利养老服务机构。

负债应当按其流动性分为流动负债、长期负债和受托代理负债等。

流动负债是指将在1年内（含1年）偿还的负债，包括短期借款、应付款项、应付工资、应交税金、预收账款、预提费用和预计负债等。

长期负债是指偿还期限在1年以上（不含1年）的负债，包括长期借款、长期应付款和其他长期负债。

受托代理负债是指非营利养老服务机构因从事受托代理交易、接受受托代理资产而产生的负债。

第三十七条　非营利养老服务机构的各项流动负债、长期负债应当按实际发生额入账，受托代理负债应当按照相对应的受托代理资产的金额予以确认和计量。

每一笔负债均应当按照债权人名称设置明细账，进行明细核算。负债应当及时清偿，确实无法偿付或不需偿付的负债，应及时清理，并结转至其他收入科目进行核销。

第三十八条　非营利养老服务机构收取入住服务对象的押金，应计入负债，作其他应付款处理，并按入住服务对象单独核算。押金应全部存入银行账户单独核算，不得挪作他用。收取押金时，为入住服务对象出具风险提示书。

第八章　净资产管理

第三十九条　非营利养老服务机构的净资产是指资产减去负债后的余额。

净资产应当按照其是否受到限制，分为限定性净资产和非限定性净资产。

如果资产或者资产所产生的经济利益（如资产的投资收益和利息等）的使用受到资产提供者或者国家有关法律、行政法规所设置的时间限制或（和）用途限制，则由此形成的净资产即为限定性净资产。国家有关法律行政法规对净资产的使用直接设置限制的，该净资产亦为限定性净资产。除此之外的其他净资产，即为非限定性净资产。

限定性净资产中所称的“限制”，是指由非营利养老服务机构之外的资产提供者或者国家有关法律、行政法规所设置的比机构宗旨或章程中关于资产使用的要求更为具体明确的限制。

如果限定性净资产的限制已经解除，应当对净资产进行重新分类，将限定性净资产转为非限定性净资产。

第四十条 非营利养老服务机构收入抵减费用后形成的净资产不得分配或变相分配。

第九章 票据管理

第四十一条 非营利养老服务机构的票据应专人管理，明确票据领用、保管、注销等环节的职责、权限和程序，专门序时记录登记。

第四十二条 非营利养老服务机构应严格执行《中华人民共和国发票管理办法》及《财政票据管理办法》等相关规定，不得转让、出借、代开、买卖票据，不得擅自扩大票据适用范围。

非营利养老服务机构应根据实际发生的业务活动如实开具正式发票和财政专用票据，不得开具内部收据，也不得多开、少开、不开正式发票。

第四十三条 非营利养老服务机构应加强票据使用管理，票据填写项目齐全、内容真实、字迹清楚，收据联加盖单位财务专用章和收款人的名章。

第四十四条 非营利养老服务机构收取费用必须使用财政部门统一监（印）制的专用票据，或印有税务机关全国统一发票监制章的发票。从事有偿服务型活动，必须使用印有税务机关全国统一发票监制章的发票。

第四十五条 非营利养老服务机构接受捐赠，应开具公益事业捐赠专用票据。

第十章　档案管理

第四十六条　非营利养老服务机构应当严格按照《会计档案管理办法》等有关规定，建立健全会计档案管理制度，加强会计档案管理。

第四十七条　非营利养老服务机构每年形成的会计档案，应按照归档要求，整理立卷，装订成册，编制会计档案保管清册。

鼓励非营利养老服务机构利用计算机、网络通信等信息技术手段管理会计档案。

第十一章　监督管理

第四十八条　非营利养老服务机构的财务工作应自觉接受民政、财政、审计等相关部门的监督检查。

第四十九条　区民政、财政部门应当结合本行政区域内非营利养老服务机构的服务规模、信用记录、风险程度等情况，采取随机或重点等方式，实施监督检查，也可委托专业机构进行检查、抽查。检查抽查情况和查处结果应当及时向社会公布。

第五十条　民政、财政部门应当畅通对非营利养老服务机构举报投诉渠道，依法及时处理有关举报投诉。

市民政、财政部门应当加强对区民政、财政部门的指导和监督，及时督促纠正财务管理中的违法违规行为。

第五十一条　非营利养老服务机构每年3月31日前向业务主管单位报送上一年度的工作报告和具有资质的会计师事务所出具的财务状况审计报告，经业务主管单位初审同意后，于5月31日前向登记管理机关报送上一年度工作报告和由具有资质的会计师事务所出具的审计报告，自觉接受监督检查。

第五十二条　非营利养老服务机构变更法定代表人或者负责人、办理注销清算之前，应当对其进行财务审计。

第十二章　法律责任

第五十三条　非营利养老服务机构不依法设置会计账簿，未按照规定填制、取得原始凭证，填制、取得的原始凭证不符合规定，以未经审核的会计凭证为依据登记会计账簿，登记会计账簿不符合规定，伪造、变造会计凭证、会计账簿，编制虚假财务会计报告，隐匿或者故意销毁依法应当保存的会计凭证、会计账簿、财务会计报告等违反《中华人民共和国会计法》规定的，由单位所在地的区财政部门依据《中华人民共和国会计法》有关规定，视情给予处罚。

第五十四条 非营利养老服务机构虚报冒领政府补贴资金的，一经核实，由备案的民政部门纳入本市养老服务机构信用黑名单并按照补贴资金文件的相关规定追回其冒领的资金并由其所在地的区财政部门按照本办法第五十六条的规定处理；构成犯罪的，移送司法机关处理。

第五十五条 非营利养老服务机构有下列情形的，由登记的民政部门依照《民办非企业单位登记管理暂行条例》予以警告，责令改正，可以限期停止活动；情节严重的予以撤销登记；构成犯罪的，依法追究刑事责任。

（一）涂改、出租、出借本单位登记证书或出租、出借本单位印章的；

（二）拒不接受或者不按照规定接受监督检查的；

（三）侵占、私分、挪用民办非企业单位的资产或者所接受的捐赠、资助的；

（四）违反国家有关规定收取费用、筹集资金或者接受使用捐赠、资助的。

第五十六条 非营利养老服务机构有虚报冒领骗取政府补贴资金、挪用政府补贴资金、从无偿使用的财政资金中非法获益、其他违反规定使用及骗取财政资金等行为的，由单位所在地的区财政部门依据《财政违法行为处罚处分条例》责令改正、给予警告或处以罚款。

第五十七条 非营利养老服务机构有违反财政收入票据管理规定行为的，由单位所在地的区财政部门销毁非法印制的票据，没收违法所得；并依据有关规定对单位、直接负责的主管人员和其他直接责任人员处以罚款。

第五十八条　民政、财政部门及其工作人员在监督管理工作中滥用职权、徇私舞弊、玩忽职守的，依法给予党纪、政纪处分；构成犯罪的，依法追究刑事责任。

第十三章　附则

第五十九条　本办法由北京市财政局、北京市民政局负责解释。

第六十条　本办法自发布之日起施行。

二、星级评定类政策

4. 北京市养老机构服务质量星级评定实施办法（试行）

第一条　为进一步加强和改进养老机构服务质量星级评定工作，加快推进养老行业规范化、标准化建设，全面提升养老服务质量，根据市民政局等部门《关于开展养老机构服务质量建设专项行动 全面提升养老行业服务质量水平的实施意见》等规定，制定本办法。

第二条　本办法适用于本市区域内依法注册登记，提供集中居住和照料服务的具有法人资质的养老机构。

第三条　养老机构服务质量星级评定依据相关标准组织开展，星级等级从低到高分为一星、二星、三星、四星、五星五个等级。

第四条　养老机构服务质量星级评定工作坚持自愿申请、全面客观、注重实效、独立公正原则。

第五条　市养老机构服务质量星级评定委员会负责三星级（含）以上养老机构评审、复评、评价结果审核认定、评估争议调处，以及养老机构服务质量星级评定证书、牌匾发放等工作。

市养老机构星级评定委员会下设办公室，办公室设在北京养老行业协会，负责养老机构服务质量星级评定委员会日常工作。

第六条　区养老机构服务质量星级评定委员会负责一、二星级养老机构评审、复评、评价结果审核认定、评估争议调处，以及三星级（含）以上养老机构初审。

区养老机构服务质量星级评定委员会下设办公室，负责本区养老机构服务质量星级评定委员会日常工作。

第七条 养老机构申请星级评定的，应符合以下基本条件：

1. 遵守老年人权益保护法律法规，保护服务对象合法权益。

2. 近三年内未发生服务质量、安全健康、环境保护等方面重大责任事故。

3. 申请一、二星级的养老机构，须按国家和本市养老机构服务相关标准，结合北京市1—2星级养老机构服务标准制度文本（范本），建立适用本机构的标准或制度体系，且有效运行6个月以上。

申请三星级（含）以上的养老机构，须按国家和本市养老机构服务相关标准，建立适用于本机构的、较完善的服务标准体系，且有效运行6个月以上。

第八条 养老机构服务质量星级评定重点将服务质量、安全、医疗服务能力、标准和制度建设作为必要条件，并将养老机构床位规模、入住率、绿化率作为加减分项目。

第九条 符合条件并有意愿申报星级评定的养老机构，在申报星级评定前应先行自评，依据自评结果申报相应等级。

第十条 养老机构申请星级评定时需提供以下材料：

1. 《北京市养老机构服务质量星级评定申请表》；

2. 机构简介，包括机构基本情况、服务内容、管理流程、工作人员情况、组织机构图和近年所获荣誉和奖项；

3. 养老机构服务制度/标准体系建设相关文件，其中标准文件包括服务通用基础标准体系、服务保障标准体系、服务提供标准系统三大子体系及岗位规范等。

第十一条 养老机构向所在区的养老机构服务质量星级评定委员会提出星级评定申请。

区养老机构服务质量评定委员会依照申请条件，对机构报送材料进行审查。材料齐全的，受理该申请；材料不齐全的，通知养老机构补正材料。

第十二条　区养老机构服务质量星级评定委员会接到评定申请后组织对申请一、二星级评定的养老机构进行评审；对申请三星级（含）以上养老机构进行初审，提出评审意见，报市养老机构服务质量星级评定委员会。

市养老机构服务质量星级评定委员会接到初审意见后，适时组织对申请三星级（含）以上养老机构进行评审。

第十三条　星级评定工作采取星级评定专家工作组现场评审的方式进行。

专家工作组由市、区养老机构服务质量星级评定委员会办公室按照一定比例分别从本级养老机构服务质量星级评定委员会成员中随机抽取，至少包括养老服务、标准化、安全管理等三个领域的专家，人数一般不少于5名。

第十四条　现场评审时间一般不超过两天。具体程序如下：

1. 召开评审会议。参会人员包括专家组、机构负责人、机构各部门负责人。会议内容：

（1）专家组介绍评审的目的、范围、方法和程序；

（2）申请单位向评审专家组介绍机构基本情况，机构制度/标准体系建立、实施、自我评价情况及存在的问题；

2. 现场检查。对标准体系文件和运行情况进行现场检查。

（1）文件阅审

专家组应依照评定依据，对机构相关文件材料进行阅审。

a. 机构制度/标准体系文件（包括但不限于制度汇编、标准体系文件汇编和标准汇编）；

b. 近一年内法定机构出具的检验证书、检测报告，涉及机构运行与相关单位签订的合同协议等；

c. 机构组织资质及管理相关文件。

（2）运行项目检查

a. 依据检查细则，填写评定汇总表，对不合格项及有关问题做好现场记录。

b. 根据现场审验结果，对存有疑问的问题与机构相应人员进行沟通，形成共识。

c. 经专家组全体讨论后，依据评定汇总表得出结论性意见，形成评审结果并报养老机构服务质量星级评定委员会办公室。

第十五条　养老机构服务质量星级评定委员会办公室对评审结果进行公示，公示期一般为 7 个工作日。

公示无异议的，由办公室将公示结果报市养老机构服务质量星级评定委员会审议。

对公示结果有异议的养老机构，可向养老机构服务质量星级评定委员会提出复核申请，养老机构服务质量星级评定委员会应在 15 个工作日内给予复核答复。

第十六条　养老机构服务质量星级评定委员会召开全体会议，审议通过星级评定结果。参加会员人数达到星级评定委员会全体成员的二分之一的，会议方可召开；获得过半数的成员同意的，星级评定结果有效。

养老机构服务质量星级评定委员会召开全体会议时，应邀请民政部门旁听督导，邀请利益相关方及行业会员代表列席监督，具体会议规则另行拟定。

第十七条　市养老机构服务质量星级评定委员会办公室汇总养老机构服务质量星级评定结果，在北京养老行业协会网站向社会公开发布，并将评定结果报市民政局。

市养老机构服务质量星级评定委员会办公室统一制作并颁发星级评定证书和牌匾。

第十八条　星级评定工作完成后，各级养老机构服务质量星级评定委员会将评审材料整理成册并存档备查，内容包括：

1.《北京市养老机构服务质量星级评定申请表》；

2. 机构自我评价报告；

3. 专家评分表和验收报告；

4. 专家组名单；

5. 评审意见；

6. 养老机构服务质量星级评定委员会全体会议纪要。

第十九条　在星级评定过程中发现养老机构有下列情形之一的，终止星级评定：

（一）三年内发生重大责任事故的；

（二）三年内发生欺老虐老行为；

（三）评审中提供虚假申报资料，有伪造有关档案资料等弄虚作假行为的；

（四）评审中无正当理由不配合或干扰星级评定工作行为的；

（五）存在法律、法规、规章规定的其他违法行为的。

第二十条　养老机构服务质量星级评定每年至少集中开展一次，有效期为三年，有效期自颁发证书之日起计算。

第二十一条　养老机构应在星级资格有效期届满两个月前，提出复评或申请高一等级评定。获得星级评定等级的养老机构在取得星级资格满一年后，可根据情况继续申请较高等级的星级评定。

申请高一等级评定和复评，依照首次申请星级评定有关程序办理。

第二十二条　养老机构在规定时限内未提出参加复评且未提出参加高一等级评定申请的，有效期届满后星级资格自动失效，原星级标志牌由市养老机构服务质量星级评定委员会办公室收回。

第二十三条　养老机构在星级评定有效期内，因发生死亡人数 1 人以上的重大安全责任事故、非法骗取套取政府财政资金、发生殴打、体罚等欺老虐老行为等情形被纳入本市养老服务机构信用黑名单的，取消星级资格，由市养老机构服务质量星级评定委员会办公室收回证书、牌匾并向社会公布。

被取消星级资格的养老机构，三年内不得申请星级评定。

第二十四条　养老机构服务质量星级评定委员会专家须遵守利害相关

方回避原则，不得参加本单位、本人提供咨询服务或与参与评定机构存在其他利害关系的养老机构的星级评定工作。

第二十五条 各级养老机构服务质量星级评定委员会要加强对养老机构服务质量星级评定工作的监督管理，对违反评审活动公正性原则、保密原则的星级评定委员会专家予以除名并依法追究法律责任。

第二十六条 各级养老机构服务质量星级评定委员会对获得星级资质的养老机构进行监督管理和随机抽查，对发现不符合认定星级标准或出现违规现象的星级养老机构提出处理意见，视情节轻重给予整改或取消其星级资格。

第二十七条 本办法由北京养老行业协会负责解释。

第二十八条 本办法自 2019 年 1 月 11 日起实施。

三、宏观指导类政策

5. 国务院关于加快发展养老服务业的若干意见

（国发〔2013〕35 号）

各省、自治区、直辖市人民政府，国务院各部委、各直属机构：

近年来，我国养老服务业快速发展，以居家为基础、社区为依托、机构为支撑的养老服务体系初步建立，老年消费市场初步形成，老龄事业发展取得显著成就。但总体上看，养老服务和产品供给不足、市场发育不健全、城乡区域发展不平衡等问题还十分突出。当前，我国已经进入人口老龄化快速发展阶段，2012 年底我国 60 周岁以上老年人口已达 1.94 亿，2020 年将达到 2.43 亿，2025 年将突破 3 亿。积极应对人口老龄化，加快发展养老服务业，不断满足老年人持续增长的养老服务需求，是全面建成小康社会的一项紧迫任务，有利于保障老年人权益，共享改革发展成果，有利于拉动消费、扩大就业，有利于保障和改善民生，促进社会和谐，推进经济社会持续健康发展。为加快发展养老服务业，现提出以下意见：

一、总体要求

（一）指导思想。以邓小平理论、“三个代表”重要思想、科学发展观为指导，从国情出发，把不断满足老年人日益增长的养老服务需求作为出发点和落脚点，充分发挥政府作用，通过简政放权，创新体制机制，激发社会活力，充分发挥社会力量的主体作用，健全养老服务体系，满足多样化养老服务需求，努力使养老服务业成为积极应对人口老龄化、保障和改善民生的重要举措，成为扩大内需、增加就业、促进服务业发展、推动经济转型升级的重要力量。

（二）基本原则

深化体制改革。加快转变政府职能，减少行政干预，加大政策支持和引导力度，激发各类服务主体活力，创新服务供给方式，加强监督管理，提高服务质量和效率。

坚持保障基本。以政府为主导，发挥社会力量作用，着力保障特殊困难老年人的养老服务需求，确保人人享有基本养老服务。加大对基层和农村养老服务的投入，充分发挥社区基层组织和服务机构在居家养老服务中的重要作用。支持家庭、个人承担应尽责任。

注重统筹发展。统筹发展居家养老、机构养老和其他多种形式的养老，实行普遍性服务和个性化服务相结合。统筹城市和农村养老资源，促进基本养老服务均衡发展。统筹利用各种资源，促进养老服务与医疗、家政、保险、教育、健身、旅游等相关领域的互动发展。

完善市场机制。充分发挥市场在资源配置中的基础性作用，逐步使社会力量成为发展养老服务业的主体，营造平等参与、公平竞争的市场环境，大力发展养老服务业，提供方便可及、价格合理的各类养老服务和产品，满足养老服务多样化、多层次需求。

（三）发展目标。到 2020 年，全面建成以居家为基础、社区为依托、机构为支撑的，功能完善、规模适度、覆盖城乡的养老服务体系。养老服务产品更加丰富，市场机制不断完善，养老服务业持续健康发展。

——服务体系更加健全。生活照料、医疗护理、精神慰藉、紧急救援等养老服务覆盖所有居家老年人。符合标准的日间照料中心、老年人活动中心等服务设施覆盖所有城市社区，90%以上的乡镇和60%以上的农村社区建立包括养老服务在内的社区综合服务设施和站点。全国社会养老床位数达到每千名老年人35—40张，服务能力大幅增强。

——产业规模显著扩大。以老年生活照料、老年产品用品、老年健康服务、老年体育健身、老年文化娱乐、老年金融服务、老年旅游等为主的养老服务业全面发展，养老服务业增加值在服务业中的比重显著提升，全国机构养老、居家社区生活照料和护理等服务提供1000万个以上就业岗位。涌现一批带动力强的龙头企业和大批富有创新活力的中小企业，形成一批养老服务产业集群，培育一批知名品牌。

——发展环境更加优化。养老服务业政策法规体系建立健全，行业标准科学规范，监管机制更加完善，服务质量明显提高。全社会积极应对人口老龄化意识显著增强，支持和参与养老服务的氛围更加浓厚，养老志愿服务广泛开展，敬老、养老、助老的优良传统得到进一步弘扬。

二、主要任务

（一）统筹规划发展城市养老服务设施。

加强社区服务设施建设。各地在制定城市总体规划、控制性详细规划时，必须按照人均用地不少于0.1平方米的标准，分区分级规划设置养老服务设施。凡新建城区和新建居住（小）区，要按标准要求配套建设养老服务设施，并与住宅同步规划、同步建设、同步验收、同步交付使用；凡老城区和已建成居住（小）区无养老服务设施或现有设施没有达到规划和建设指标要求的，要限期通过购置、置换、租赁等方式开辟养老服务设施，不得挪作他用。

综合发挥多种设施作用。各地要发挥社区公共服务设施的养老服务功能，加强社区养老服务设施与社区服务中心（服务站）及社区卫生、文化、体育等设施的功能衔接，提高使用率，发挥综合效益。要支持和引导各类社会主体参与社区综合服务设施建设、运营和管理，提供养老服务。各类具有为老年人服务功能的设施都要向老年人开放。

实施社区无障碍环境改造。各地区要按照无障碍设施工程建设相关标准和规范，推动和扶持老年人家庭无障碍设施的改造，加快推进坡道、电梯等与老年人日常生活密切相关的公共设施改造。

（二）大力发展居家养老服务网络。

发展居家养老便捷服务。地方政府要支持建立以企业和机构为主体、社区为纽带、满足老年人各种服务需求的居家养老服务网络。要通过制定扶持政策措施，积极培育居家养老服务企业和机构，上门为居家老年人提供助餐、助浴、助洁、助急、助医等定制服务；大力发展家政服务，为居家老年人提供规范化、个性化服务。要支持社区建立健全居家养老服务网点，引入社会组织和家政、物业等企业，兴办或运营老年供餐、社区日间照料、老年活动中心等形式多样的养老服务项目。

发展老年人文体娱乐服务。地方政府要支持社区利用社区公共服务设施和社会场所组织开展适合老年人的群众性文化体育娱乐活动，并发挥群众组织和个人积极性。鼓励专业养老机构利用自身资源优势，培训和指导社区养老服务组织和人员。

发展居家网络信息服务。地方政府要支持企业和机构运用互联网、物联网等技术手段创新居家养老服务模式，发展老年电子商务，建设居家服务网络平台，提供紧急呼叫、家政预约、健康咨询、物品代购、服务缴费等适合老年人的服务项目。

（三）大力加强养老机构建设。

支持社会力量举办养老机构。各地要根据城乡规划布局要求，统筹考虑建设各类养老机构。在资本金、场地、人员等方面，进一步降低社会力量举办养老机构的门槛，简化手续、规范程序、公开信息，行政许可和登记机关要核定其经营和活动范围，为社会力量举办养老机构提供便捷服务。鼓励境外资本投资养老服务业。鼓励个人举办家庭化、小型化的养老机构，社会力量举办规模化、连锁化的养老机构。鼓励民间资本对企业厂房、商业设施及其他可利用的社会资源进行整合和改造，用于养老服务。

办好公办保障性养老机构。各地公办养老机构要充分发挥托底作用，重点为“三无”（无劳动能力，无生活来源，无赡养人和扶养人，或者其赡养人和扶养人确无赡养和扶养能力）老人、低收入老人、经济困难的失能半失能老人提供无偿或低收费的供养、护理服务。政府举办的养老机构要实用适用，避免铺张豪华。

开展公办养老机构改制试点。有条件的地方可以积极稳妥地把专门面向社会提供经营性服务的公办养老机构转制成为企业，完善法人治理结构。政府投资兴办的养老床位应逐步通过公建民营等方式管理运营，积极鼓励民间资本通过委托管理等方式，运营公有产权的养老服务设施。要开展服务项目和设施安全标准化建设，不断提高服务水平。

（四）切实加强农村养老服务。

健全服务网络。要完善农村养老服务托底的措施，将所有农村“三无”老人全部纳入五保供养范围，适时提高五保供养标准，健全农村五保供养机构功能，使农村五保老人老有所养。在满足农村五保对象集中供养需求的前提下，支持乡镇五保供养机构改善设施条件并向社会开放，提高运营效益，增强护理功能，使之成为区域性养老服务中心。依托行政村、较大自然村，充分利用农家大院等，建设日间照料中心、托老所、老年活动站等互助性养老服务设施。农村党建活动室、卫生室、农家书屋、学校等要支持农村养老服务工作，组织与老年人相关的活动。充分发挥村民自治功能和老年协会作用，督促家庭成员承担赡养责任，组织开展邻里互助、志愿服务，解决周围老年人实际生活困难。

拓宽资金渠道。各地要进一步落实《中华人民共和国老年人权益保障法》有关农村可以将未承包的集体所有的部分土地、山林、水面、滩涂等作为养老基地，收益供老年人养老的要求。鼓励城市资金、资产和资源投向农村养老服务。各级政府用于养老服务的财政性资金应重点向农村倾斜。

建立协作机制。城市公办养老机构要与农村五保供养机构等建立长期稳定的对口支援和合作机制，采取人员培训、技术指导、设备支援等方式，帮助其提高服务能力。建立跨地区养老服务协作机制，鼓励发达地区支援欠发达地区。

（五）繁荣养老服务消费市场。

拓展养老服务内容。各地要积极发展养老服务业，引导养老服务企业和机构优先满足老年人基本服务需求，鼓励和引导相关行业积极拓展适合老年人特点的文化娱乐、体育健身、休闲旅游、健康服务、精神慰藉、法律服务等服务，加强残障老年人专业化服务。

开发老年产品用品。相关部门要围绕适合老年人的衣、食、住、行、医、文化娱乐等需要，支持企业积极开发安全有效的康复辅具、食品药品、服装服饰等老年用品用具和服务产品，引导商场、超市、批发市场设立老年用品专区专柜；开发老年住宅、老年公寓等老年生活设施，提高老年人生活质量。引导和规范商业银行、保险公司、证券公司等金融机构开发适合老年人的理财、信贷、保险等产品。

培育养老产业集群。各地和相关行业部门要加强规划引导，在制定相关产业发展规划中，要鼓励发展养老服务中小企业，扶持发展龙头企业，实施品牌战略，提高创新能力，形成一批产业链长、覆盖领域广、经济社会效益显著的产业集群。健全市场规范和行业标准，确保养老服务和产品质量，营造安全、便利、诚信的消费环境。

（六）积极推进医疗卫生与养老服务相结合。

推动医养融合发展。各地要促进医疗卫生资源进入养老机构、社区和居民家庭。卫生管理部门要支持有条件的养老机构设置医疗机构。医疗机构要积极支持和发展养老服务，有条件的二级以上综合医院应当开设老年病科，增加老年病床数量，做好老年慢病防治和康复护理。要探索医疗机构与养老机构合作新模式，医疗机构、社区卫生服务机构应当为老年人建立健康档案，建立社区医院与老年人家庭医疗契约服务关系，开展上门诊视、健康查体、保健咨询等服务，加快推进面向养老机构的远程医疗服务试点。医疗机构应当为老年人就医提供优先优惠服务。

健全医疗保险机制。对于养老机构内设的医疗机构，符合城镇职工（居民）基本医疗保险和新型农村合作医疗定点条件的，可申请纳入定点范围，入住的参保老年人按规定享受相应待遇。完善医保报销制度，切实解决老年人异地就医结算问题。鼓励老年人投保健康保险、长期护理保险、意外伤害保险等人身保险产品，鼓励和引导商业保险公司开展相关业务。

三、政策措施

（一）完善投融资政策。要通过完善扶持政策，吸引更多民间资本，培育和扶持养老服务机构和企业发展。各级政府要加大投入，安排财政性资金支持养老服务体系建设。金融机构要加快金融产品和服务方式创新，拓宽信贷抵押担保物范围，积极支持养老服务业的信贷需求。积极利用财政贴息、小额贷款等方式，加大对养老服务业的有效信贷投入。加强养老服务机构信用体系建设，增强对信贷资金和民间资本的吸引力。逐步放宽限制，鼓励和支持保险资金投资养老服务领域。开展老年人住房反向抵押养老保险试点。鼓励养老机构投保责任保险，保险公司承保责任保险。地方政府发行债券应统筹考虑养老服务需求，积极支持养老服务设施建设及无障碍改造。

（二）完善土地供应政策。各地要将各类养老服务设施建设用地纳入城镇土地利用总体规划和年度用地计划，合理安排用地需求，可将闲置的公益性用地调整为养老服务用地。民间资本举办的非营利性养老机构与政府举办的养老机构享有相同的土地使用政策，可以依法使用国有划拨土地或者农民集体所有的土地。对营利性养老机构建设用地，按照国家对经营性用地依法办理有偿用地手续的规定，优先保障供应，并制定支持发展养老服务业的土地政策。严禁养老设施建设用地改变用途、容积率等土地使用条件搞房地产开发。

（三）完善税费优惠政策。落实好国家现行支持养老服务业的税收优惠政策，对养老机构提供的养护服务免征营业税，对非营利性养老机构自用房产、土地免征房产税、城镇土地使用税，对符合条件的非营利性养老机构按规定免征企业所得税。对企事业单位、社会团体和个人向非营利性养老机构的捐赠，符合相关规定的，准予在计算其应纳税所得额时按税法规定比例扣除。各地对非营利性养老机构建设要免征有关行政事业性收费，对营利性养老机构建设要减半征收有关行政事业性收费，对养老机构提供养老服务也要适当减免行政事业性收费，养老机构用电、用水、用气、用热按居民生活类价格执行。境内外资本举办养老机构享有同等的税收等优惠政策。制定和完善支持民间资本投资养老服务业的税收优惠政策。

（四）完善补贴支持政策。各地要加快建立养老服务评估机制，建立健全经济困难的高龄、失能等老年人补贴制度。可根据养老服务的实际需要，推进民办公助，选择通过补助投资、贷款贴息、运营补贴、购买服务等方式，支持社会力量举办养老服务机构，开展养老服务。民政部本级彩票公益金和地方各级政府用于社会福利事业的彩票公益金，要将50%以上的资金用于支持发展养老服务业，并随老年人口的增加逐步提高投入比例。国家根据经济社会发展水平和职工平均工资增长、物价上涨等情况，进一步完善落实基本养老、基本医疗、最低生活保障等政策，适时提高养老保障水平。要制定政府向社会力量购买养老服务的政策措施。

（五）完善人才培养和就业政策。教育、人力资源社会保障、民政部门要支持高等院校和中等职业学校增设养老服务相关专业和课程，扩大人才培养规模，加快培养老年医学、康复、护理、营养、心理和社会工作等方面的专门人才，制定优惠政策，鼓励大专院校对口专业毕业生从事养老服务工作。充分发挥开放大学作用，开展继续教育和远程学历教育。依托院校和养老机构建立养老服务实训基地。加强老年护理人员专业培训，对符合条件的参加养老护理职业培训和职业技能鉴定的从业人员按规定给予相关补贴，在养老机构和社区开发公益性岗位，吸纳农村转移劳动力、城镇就业困难人员等从事养老服务。养老机构应当积极改善养老护理员工作条件，加强劳动保护和职业防护，依法缴纳养老保险费等社会保险费，提高职工工资福利待遇。养老机构应当科学设置专业技术岗位，重点培养和引进医生、护士、康复医师、康复治疗师、社会工作者等具有执业或职业资格的专业技术人员。对在养老机构就业的专业技术人员，执行与医疗机构、福利机构相同的执业资格、注册考核政策。

（六）鼓励公益慈善组织支持养老服务。引导公益慈善组织重点参与养老机构建设、养老产品开发、养老服务提供，使公益慈善组织成为发展养老服务业的重要力量。积极培育发展为老服务公益慈善组织。积极扶持发展各类为老服务志愿组织，开展志愿服务活动。倡导机关干部和企事业单位职工、大中小学学生参加养老服务志愿活动。支持老年群众组织开展自我管理、自我服务和服务社会活动。探索建立健康老人参与志愿互助服务的工作机制，建立为老志愿服务登记制度。弘扬敬老、养老、助老的优良传统，支持社会服务窗口行业开展“敬老文明号”创建活动。

四、组织领导

（一）健全工作机制。各地要将发展养老服务业纳入国民经济和社会发展规划，纳入政府重要议事日程，进一步强化工作协调机制，定期分析养老服务业发展情况和存在问题，研究推进养老服务业加快发展的各项政策措施，认真落实养老服务业发展的相关任务要求。民政部门要切实履行监督管理、行业规范、业务指导职责，推动公办养老机构改革发展。发展改革部门要将养老服务业发展纳入经济社会发展规划、专项规划和区域规划，支持养老服务设施建设。财政部门要在现有资金渠道内对养老服务业发展给予财力保障。老龄工作机构要发挥综合协调作用，加强督促指导工作。教育、公安消防、卫生计生、国土、住房城乡建设、人力资源社会保障、商务、税务、金融、质检、工商、食品药品监管等部门要各司其职，及时解决工作中遇到的问题，形成齐抓共管、整体推进的工作格局。

（二）开展综合改革试点。国家选择有特点和代表性的区域进行养老服务业综合改革试点，在财政、金融、用地、税费、人才、技术及服务模式等方面进行探索创新，先行先试，完善体制机制和政策措施，为全国养老服务业发展提供经验。

（三）强化行业监管。民政部门要健全养老服务的准入、退出、监管制度，指导养老机构完善管理规范、改善服务质量，及时查处侵害老年人人身财产权益的违法行为和安全生产责任事故。价格主管部门要探索建立科学合理的养老服务定价机制，依法确定适用政府定价和政府指导价的范围。有关部门要建立完善养老服务业统计制度。其他各有关部门要依照职责分工对养老服务业实施监督管理。要积极培育和发展养老服务行业协会，发挥行业自律作用。

（四）加强督促检查。各地要加强工作绩效考核，确保责任到位、任务落实。省级人民政府要根据本意见要求，结合实际抓紧制定实施意见。国务院相关部门要根据本部门职责，制定具体政策措施。民政部、发展改革委、财政部等部门要抓紧研究提出促进民间资本参与养老服务业的具体措施和意见。发展改革委、民政部和老龄工作机构要加强对本意见执行情况的监督检查，及时向国务院报告。国务院将适时组织专项督查。

国务院

2013 年 9 月 6 日

6. 关于进一步做好养老服务业发展有关工作的通知

（发改办社会〔2015〕992 号）

《国务院关于加快发展养老服务业的若干意见》（国发〔2013〕35 号，以下简称《意见》）实施以来，养老服务业发展态势良好，发展环境得到明显改善，社会资本投入积极性显著提高，政策效果逐步显现。为进一步加快发展养老服务业，抓好近期重点工作，现就有关事项通知如下：

一、督促落实养老服务业发展政策。各地要进一步落实好《意见》要求和中央部门出台的配套政策，并加强对实施情况的监督检查。要认真跟踪和分析养老服务业发展形势，及时总结重要政策创新、产业发展模式创新、规模以上企业发展、养老与相关产业融合等方面的进展和经验，分析存在问题，并提出下一步工作建议和计划，请于 4 月 30 日前向国家发展改革委、民政部和全国老龄办报送养老服务业政策落实和发展形势报告。有关情况与数据统计截止到 2015 年 3 月底。

二、切实加大养老服务体系投入力度。各地要优化投资结构，进一步加大政府投入支持养老服务体系建设。要确保将政府用于社会福利事业的彩票公益金 50%以上用于养老服务业。同时发挥好政府投资引导作用，积极支持社会资本进入。发展改革部门要会同民政部门做好 2015 年度中央预算内投资计划有关工作，以老年养护院等专业养老服务设施和社区老年人日间照料中心等社区养老设施为建设重点，加强组织协调，确保项目建设进度和质量，并做好养老服务项目储备。

三、积极谋划“十三五”养老服务体系建设。各地要适时开展“十二五”养老服务体系建设规划实施情况评估，针对养老服务体系存在的困难和问题，研究提出“十三五”养老服务体系建设思路，根据人口变化趋势和当地实际，科学分析发展需求，合理确定发展目标，确保建设思路的可操作性、针对性和创新性，进一步健全完善以居家为基础、社区为依托、机构为支撑的养老服务体系。

四、统筹推进养老服务业综合改革试点。各地要深入贯彻落实《意见》政策措施，养老服务业综合改革试点地区要率先按照深化体制改革、坚持保障基本、注重统筹发展和完善市场机制的思路，以综合改革试点为抓手，在已确定的八项试点任务基础上，大胆创新，不断深化综合改革试点方案。要对照试点主要目标、具体任务、重大项目、保障措施、时间安排等落实进度，总结形成一批可持续、可复制的示范经验和创新政策，及时上报，三部门将适时在全国范围宣传推广。

五、扎实推进健康与养老服务重大工程。省级发展改革部门要会同民政、卫计、国土、住建、银监、老龄等部门，推动社区老年人日间照料中心、老年养护院等专业养老服务设施、养老院和医养结合设施，以及农村养老服务设施等建设，加强重大工程建设工作的统筹协调，健全工作联动机制，按时调度上报项目数据，及时协调解决重大问题。要进一步落实工作责任，安排专人负责项目统计和上报工作，建立健全重大建设项目综合统计制度。

六、积极推动养老服务业创新发展。各地要结合养老服务业综合改革试点和“健康与养老服务”重大工程，培育一批产业链长、覆盖领域广、经济社会效益显著的养老示范企业。要在养老领域推进“互联网+”行动，将信息技术、人工智能和互联网思维与居家养老服务机制建设相融合，对传统业态养老服务进行改造升级，通过搭建信息开放平台、开发适宜老年人的可穿戴设备等，不断发现和满足老年人需求，强化供需衔接，扩大服务范围，提供个性、高效的智能养老服务。要以长效合作机制建设为重点，建立医疗机构与养老机构之间的医疗服务绿色通道，积极推动医养融合发展。要在居家社区服务方面推动养老企业连锁化经营，实施品牌战略，大力加强社区养老服务设施建设，开展社区无障碍设施改造等工作，并要鼓励养老领域的大众创业，培育小微型家庭式养老服务机构，对普通住宅用于开设社区养老服务机构在变更设施用途、消防审批等方面提供便利条件。

七、探索建立多元化投融资模式。积极开展养老产业专项债券品种创新，对于具有稳定偿债资金来源的养老产业项目，按照融资—投资建设—回收资金封闭运行的模式，将企业项目收益债券推广到养老服务领域。各地在实施“健康与养老服务”重大工程中，要积极利用新政策工具，鼓励政府和社会资本合作等方式发展多层次、多样化的养老服务。要切实推广政府购买养老服务，逐步扩大购买范围，充分考虑小微企业发展现状，为其参与购买服务创造条件。鼓励各地结合实际，按照政府引导、市场化运作的原则，探索以基金管理方式运用政府投资，采取创业投资引导基金、产业投资基金等模式，逐步与金融资本相结合，发挥撬动社会资本的杠杆作用。

八、有力维护养老服务业发展环境。各地要依法履行职责，坚持放管结合，切实加强对养老服务业发展的事前调研、事中督查和事后监管，形成整体监管合力。要完善守信激励、失信惩戒机制，依法纠正和查处违法违规特别是对侵犯老年人合法权益的行为。要切实营造公平竞争环境，坚持依法行政、简政放权，最大限度支持养老服务市场主体创新发展，有效激发市场活力。发展改革部门、民政部门、老龄工作部门将适时组织专项督查，促进养老服务业健康发展。

国家发展改革委办公厅
民政部办公厅
老龄委办公室综合部
2015 年 4 月 22 日

7. 国务院办公厅关于全面放开养老服务市场提升养老服务质量的若干意见（国办发〔2016〕91号）

各省、自治区、直辖市人民政府，国务院各部委、各直属机构：

养老服务业既是涉及亿万群众福祉的民生事业，也是具有巨大发展潜力的朝阳产业。近年来，我国养老服务业快速发展，产业规模不断扩大，服务体系逐步完善，但仍面临供给结构不尽合理、市场潜力未充分释放、服务质量有待提高等问题。随着人口老龄化程度不断加深和人民生活水平逐步提高，老年群体多层次、多样化的服务需求持续增长，对扩大养老服务有效供给提出了更高要求。为促进养老服务业更好更快发展，经国务院同意，现提出如下意见：

一、总体要求

（一）指导思想。

全面贯彻党的十八大和十八届三中、四中、五中、六中全会精神，深入学习贯彻习近平总书记系列重要讲话精神和治国理政新理念新思想新战略，认真落实党中央、国务院决策部署，紧紧围绕“五位一体”总体布局和“四个全面”战略布局，坚持以新发展理念引领经济发展新常态，坚持中国特色卫生与健康发展道路，持续深化简政放权、放管结合、优化服务改革，积极应对人口老龄化，培育健康养老意识，加快推进养老服务业供给侧结构性改革，保障基本需求，繁荣养老市场，提升服务质量，让广大老年群体享受优质养老服务，切实增强人民群众获得感。

（二）基本原则。

深化改革，放开市场。进一步降低准入门槛，营造公平竞争环境，积极引导社会资本进入养老服务业，推动公办养老机构改革，充分激发各类市场主体活力。

改善结构，突出重点。补齐短板，将养老资源向居家社区服务倾斜，向农村倾斜，向失能、半失能老年人倾斜。进一步扩大护理型服务资源，大力培育发展小型化、连锁化、专业化服务机构。

鼓励创新，提质增效。树立健康养老理念，注重管理创新、产品创新和品牌创新，积极运用新技术，培育发展新业态，促进老年产品用品丰富多样、养老服务方便可及。

强化监管，优化环境。完善监督机制，健全评估制度，推动行业标准化和行业信用建设，加强行业自律，促进规范发展，维护老年人合法权益。

（三）发展目标。

到 2020 年，养老服务市场全面放开，养老服务和产品有效供给能力大幅提升，供给结构更加合理，养老服务政策法规体系、行业质量标准体系进一步完善，信用体系基本建立，市场监管机制有效运行，服务质量明显改善，群众满意度显著提高，养老服务业成为促进经济社会发展的新动能。

二、全面放开养老服务市场

（四）进一步放宽准入条件。

降低准入门槛。设立营利性养老机构，应按“先照后证”的简化程序执行，在工商行政管理部门办理登记后，在辖区县级以上人民政府民政部门申请设立许可。在民政部门登记的非营利性养老机构，可以依法在其登记管理机关管辖范围内设立多个不具备法人资格的服务网点。非本地投资者举办养老服务项目与当地投资者享受同等政策待遇，当地不得以任何名目对此加以限制。

放宽外资准入。在鼓励境外投资者在华举办营利性养老机构的基础上，进一步放开市场，鼓励境外投资者设立非营利性养老机构，其设立的非营利性养老机构与境内投资者设立的非营利性养老机构享受同等优惠政策。

精简行政审批环节。全面清理、取消申办养老机构的不合理前置审批事项，优化审批程序，简化审批流程。申请设立养老服务类社会组织，符合直接登记条件的可以直接向民政部门依法申请登记，不再经由业务主管单位审查同意。支持新兴养老业态发展，对于养老机构以外的其他提供养老服务的主体，鼓励其依法办理法人登记并享受相关优惠政策。

（五）优化市场环境。

进一步改进政府服务。举办养老机构审批过程中涉及的各有关部门，都要主动公开审批程序和审批时限，推进行政审批标准化，加强对筹建养老机构的指导服务。加快推行养老机构申办一站式服务，建立“一门受理、一并办理”的网上并联审批平台，进一步提高审批效率。根据消防法和有关规定，制定既保障安全、又方便合理的养老机构设立和管理配套办法。

完善价格形成机制。加快建立以市场形成价格为主的养老机构服务收费管理机制。对于民办营利性养老机构，服务收费项目和标准由经营者自主确定。对于民办非营利性养老机构，服务收费标准由经营者合理确定，有关部门对其财务收支状况、收费项目和调价频次进行必要监管，同时加强对价格水平的监测分析。对于政府运营的养老机构，以扣除政府投入、社会捐赠后的实际服务成本为依据，按照非营利原则，实行政府定价或政府指导价；对于以公建民营等方式运营的养老机构，采用招投标、委托运营等竞争性方式确定运营方，具体服务收费标准由运营方依据委托协议等合理确定。

加快公办养老机构改革。各地要因地制宜设置改革过渡期，加快推进具备向社会提供养老服务条件的公办养老机构转制成为企业或开展公建民营，到2020年政府运营的养老床位数占当地养老床位总数的比例应不超过50%。鼓励社会力量通过独资、合资、合作、联营、参股、租赁等方式，参与公办养老机构改革。完善公建民营养老机构管理办法，政府投资建设和购置的养老设施、新建居民区按规定配建并移交给民政部门的养老设施、国有单位培训疗养机构等改建的养老设施，均可实施公建民营。改革公办养老机构运营方式，鼓励实行服务外包。

加强行业信用建设。建立覆盖养老服务行业法人、从业人员和服务对象的行业信用体系。建立健全信用信息记录和归集机制，加强与全国信用信息共享平台的信息交换和共享，通过企业信用信息公示系统向社会公示相关企业的行政许可、行政处罚等信息。引入第三方征信机构，参与养老行业信用建设和信用监管。建立多部门、跨地区的联合奖惩机制，将信用信息作为各项支持政策的重要衡量因素，对诚实守信者在政府购买服务、债券发行等方面实行优先办理、简化程序等绿色通道支持激励政策，建立养老服务行业黑名单制度和市场退出机制，加强行业自律和监管。

三、大力提升居家社区养老生活品质

（六）推进居家社区养老服务全覆盖。

开展老年人养老需求评估，加快建设社区综合服务信息平台，对接供求信息，提供助餐、助洁、助行、助浴、助医等上门服务，提升居家养老服务覆盖率和服务水平。依托社区服务中心（站）、社区日间照料中心、卫生服务中心等资源，为老年人提供健康、文化、体育、法律援助等服务。鼓励建设小型社区养老院，满足老年人就近养老需求，方便亲属照护探视。

（七）提升农村养老服务能力和水平。

依托农村社区综合服务设施，拓展养老服务功能。鼓励各地建设农村幸福院等自助式、互助式养老服务设施，加强与农村危房改造等涉农基本住房保障政策的衔接。农村集体经济、农村土地流转等收益分配应充分考虑解决本村老年人的养老问题。加强农村敬老院建设和改造，推动服务设施达标，满足农村特困人员集中供养需求，为农村低收入老年人和失能、半失能老年人提供便捷可及的养老服务。鼓励专业社会工作者、社区工作者、志愿服务者加强对农村留守、困难、鳏寡、独居老年人的关爱保护和心理疏导、咨询等服务。充分依托农村基层党组织、自治组织和社会组织等，开展基层联络人登记，建立应急处置和评估帮扶机制，关注老年人的心理、安全等问题。

（八）提高老年人生活便捷化水平。

通过政府补贴、产业引导和业主众筹等方式，加快推进老旧居住小区和老年人家庭的无障碍改造，重点做好居住区缘石坡道、轮椅坡道、公共出入口、走道、楼梯、电梯候梯厅及轿厢等设施和部位的无障碍改造，优先安排贫困、高龄、失能等老年人家庭设施改造，组织开展多层老旧住宅电梯加装。支持开发老年宜居住宅和代际亲情住宅。各地在推进易地扶贫搬迁以及城镇棚户区、城乡危房改造和配套基础设施建设等保障性安居工程中，要统筹考虑适老化设施配套建设。

四、全力建设优质养老服务供给体系

（九）推进“互联网+”养老服务创新。

发展智慧养老服务新业态，开发和运用智能硬件，推动移动互联网、云计算、物联网、大数据等与养老服务业结合，创新居家养老服务模式，重点推进老年人健康管理、紧急救援、精神慰藉、服务预约、物品代购等服务，开发更加多元、精准的私人订制服务。支持适合老年人的智能化产品、健康监测可穿戴设备、健康养老移动应用软件（APP）等设计开发。打通养老服务信息共享渠道，推进社区综合服务信息平台与户籍、医疗、社会保障等信息资源对接，促进养老服务公共信息资源向各类养老服务机构开放。

（十）建立医养结合绿色通道。

建立医疗卫生机构设置审批绿色通道，支持养老机构开办老年病院、康复院、医务室等医疗卫生机构，将符合条件的养老机构内设医疗卫生机构按规定纳入城乡基本医疗保险定点范围。鼓励符合条件的执业医师到养老机构、社区老年照料机构内设的医疗卫生机构多点执业。开通预约就诊绿色通道，推进养老服务机构、社区老年照料机构与医疗机构对接，为老年人提供便捷医疗服务。提升医保经办服务能力，切实解决老年人异地就医直接结算问题。探索建立长期护理保险制度，形成多元化的保险筹资模式，推动解决失能人员基本生活照料和相关医疗护理等所需费用问题。

（十一）促进老年产品用品升级。

支持企业利用新技术、新工艺、新材料和新装备开发为老年人服务的产品用品，研发老年人乐于接受和方便使用的智能科技产品，丰富产品品种，提高产品安全性、可靠性和实用性；上述企业经认定为高新技术企业的，按规定享受企业所得税优惠。及时更新康复辅助器具配置目录，重点支持自主研发和生产康复辅助器具。

（十二）发展适老金融服务。

规范和引导商业银行、保险公司等金融机构开发适合老年人的理财、保险产品，满足老年人金融服务需求，鼓励金融机构建设老年人无障碍设施，开辟服务绿色通道。强化老年人金融安全意识，加大金融消费权益保护力度。稳步推进养老金管理公司试点，按照国家有关规定，积极参与养老金管理相关业务，做好相关受托管理、投资管理和账户管理等服务工作。

五、切实增强政策保障能力

（十三）加强统筹规划。

发挥规划引领作用，分级制定养老服务相关规划，与城乡规划、土地利用总体规划、城镇化规划、区域规划等相衔接，系统提升服务能力和水平。各地要进一步扩大面向居家社区、农村、失能半失能老年人的服务资源，结合实际提出养老床位结构的合理比例，到2020年护理型床位占当地养老床位总数的比例应不低于30%。

（十四）完善土地支持政策。

统筹利用闲置资源发展养老服务，有关部门应按程序依据规划调整其土地使用性质。营利性养老服务机构利用存量建设用地建设养老设施，涉及划拨建设用地使用权出让（租赁）或转让的，在原土地用途符合规划的前提下，允许补缴土地出让金（租金），办理协议出让或租赁手续。企事业单位、个人对城镇现有空闲的厂房、学校、社区用房等进行改造和利用，举办养老服务机构，经有关部门批准临时改变建筑使用功能从事非营利性养老服务且连续经营一年以上的，五年内土地使用性质可暂不作变更。民间资本举办的非营利性养老机构与政府举办的养老机构可依法使用农民集体所有的土地。对在养老服务领域采取政府和社会资本合作（PPP）方式的项目，可以国有建设用地使用权作价出资或者入股建设。

（十五）提升养老服务人才素质。

将养老护理员培训作为职业培训和促进就业的重要内容。对参加养老服务技能培训或创业培训且培训合格的劳动者，按规定给予培训补贴。推动普通高校和职业院校开发养老服务和老年教育课程，为社区、老年教育机构及养老服务机构等提供教学资源及服务。完善职业技能等级与养老服务人员薪酬待遇挂钩机制。建立养老服务行业从业人员奖惩机制，提升养老护理队伍职业道德素养。将养老护理员纳入企业新型学徒制试点和城市积分入户政策范围。积极开发老年人力资源，为老年人的家庭成员提供养老服务培训，倡导“互助养老”模式。

（十六）完善财政支持和投融资政策。

完善财政支持政策。各地要建立健全针对经济困难的高龄、失能老年人的补贴制度，统一设计、分类施补，提高补贴政策的精准度。对养老机构的运行补贴应根据接收失能老年人等情况合理发放。各级政府要加大投入，支持养老服务设施建设，切实落实养老机构相关税费优惠政策，落实彩票公益金支持养老服务体系建设政策要求。鼓励各地向符合条件的各类养老机构购买服务。

拓宽投融资渠道。鼓励社会资本采取建立基金、发行企业债券等方式筹集资金，用于建设养老设施、购置设备和收购改造社会闲置资源等。鼓励银行业金融机构以养老服务机构有偿取得的土地使用权、产权明晰的房产等固定资产和应收账款、动产、知识产权、股权等抵质押，提供信贷支持，满足养老服务机构多样化融资需求。有条件的地方在风险可控、不改变养老机构性质和用途的前提下，可探索养老服务机构其他资产抵押贷款的可行模式。

六、加强监管和组织实施

（十七）加强服务监管。

各地要建立健全民政部门和相关部门协同配合的监管机制，加强对养老机构运营和服务的监管。严禁以举办养老机构名义从事房地产开发，严禁利用养老机构的房屋、场地、设施开展与养老服务无关的活动，严禁改变机构的养老服务性质。做好养老服务领域非法集资信息监测和分析工作，做好政策宣传和风险提示工作。对养老服务中虐老欺老等行为，对养老机构在收取保证金、办理会员卡和发行金融产品等活动中的违法违规行为，要依法严厉查处。加强养老设施和服务安全管理，建立定期检查机制，确保老年人人身安全。

（十八）加强行业自律。

民政、质检等部门要进一步完善养老服务标准体系，抓紧制定管理和服务标准。落实养老机构综合评估和报告制度，开展第三方评估并向社会公布，评估结果应与政府购买服务、发放建设运营补贴等挂钩。政府运营的养老机构要实行老年人入住评估制度，综合评估申请入住老年人的情况，优先保障特困人员集中供养需求和其他经济困难的孤寡、失能、高龄等老年人的服务需求。

（十九）加强宣传引导。

坚持以社会主义核心价值观为引领，弘扬中华民族尊老、敬老的社会风尚和传统美德，开展孝敬教育，营造养老、助老的良好社会氛围，加强对养老服务业发展过程中涌现出的先进典型和先进事迹的宣传报道，及时总结推广养老服务业综合改革试点中的好经验、好做法。依法打击虐待、伤害老年人及侵害老年人合法权益的行为。积极组织开展适合老年人的文化体育娱乐活动，引导老年人积极参与社区服务、公益活动和健康知识培训，丰富老年人精神文化生活。

（二十）加强督促落实。

各地要把全面放开养老服务市场、提升养老服务质量摆在重要位置，建立组织实施机制，及时制定配套实施意见，对政策落实情况进行跟踪分析和监督检查，确保责任到位、工作到位、见到实效。各部门要加强协同配合，落实和完善相关优惠政策，共同促进养老服务提质增效。对不落实养老服务政策，或者在养老机构运营和服务中有违反法律法规行为的，依法依规追究相关人员的责任。国家发展改革委、民政部要会同有关部门加强对地方的指导，及时督促检查并报告工作进展情况。

附件：重点任务分工及进度安排表（略）

国务院办公厅

2016 年 12 月 7 日

四、设施规划类政策

8. 住房城乡建设部等部门关于加强养老服务设施规划建设工作的通知（建标〔2014〕23号）

各省、自治区住房城乡建设厅、国土资源厅、民政厅、老龄办，直辖市建委（建交委）、规划委、国土局（国土房管局）、民政局、老龄办，新疆生产建设兵团建设局、国土资源局、民政局、老龄办：

根据《国务院关于加快发展养老服务业的若干意见》（国发〔2013〕35号，以下简称《意见》）要求，为做好养老服务设施规划建设工作，现就有关事项通知如下：

一、提高对做好养老服务设施规划建设工作重要性的认识

养老服务设施是加快发展养老服务业的重要基础和保障，对促进经济社会科学发展，落实《中华人民共和国老年人权益保障法》，实现老有所养、老有所医、老有所教、老有所学、老有所为、老有所乐“六个老有”的工作目标具有重要意义。在养老服务设施规划建设方面，各地做了大量工作，积累了不少好的经验和做法，为推进养老服务业发展发挥了积极作用。当前，人口老龄化已进入快速发展阶段，老年人对养老服务的需求呈现多元化趋势，养老服务类型和方式不断出现，养老服务设施无论从数量上还是从质量上都急需提高。各地住房城乡建设、国土资源、民政、老龄办等主管部门应对此高度重视，各司其职，密切配合，切实做好养老服务设施规划建设工作。

二、合理确定养老服务设施建设规划

各地住房城乡建设主管部门要按照“居家养老为基础、社区养老为依托、机构养老为支撑”的要求，结合老年人口规模、养老服务需求，明确养老服务设施建设规划，并将有关内容纳入城市、镇总体规划，加强区域养老服务设施统筹协调，推进城乡养老服务一体化。要按照一定规划期城镇老年人口构成、规模等因素，合理确定养老服务设施类型、布局和规

模，实现养老服务设施的均衡配置。

在编制城市控制性详细规划时，要按照城市、镇总体规划要求落实养老服务设施布局、配套建设要求，因地制宜地确定养老服务设施的服务半径和规模；编制养老设施规划应与城市人口布局规划、建设用地规划、居住区或社区规划、医疗卫生规划等相关配套设施规划进行协调和衔接，积极推进相关设施的集中布局、功能互补和集约建设，充分发挥土地综合利用效益，并合理安排建设时序和规模。

三、严格执行养老服务设施建设标准

工程建设标准和土地使用标准是养老服务设施建设活动的技术依据，严格执行上述标准是保障工程项目质量和安全、实现工程设施功能和性能、促进土地节约集约利用的前提条件。各地住房城乡建设主管部门应当加强养老服务设施建设标准宣贯培训，从2014年起，将有关养老服务设施建设标准培训纳入执业注册师继续教育培训要求，使从业人员全面掌握、正确执行标准规定，提高从业人员技术能力。工程项目建设单位、咨询机构、设计单位、施工单位、监理单位应严格执行有关标准；建设项目土地供应、城市规划行政许可、工程设计文件审查、工程质量安全监管、工程项目竣工备案等职能部门和机构，应按照法律法规和有关标准的规定把好审查关、监督关。

各地住房城乡建设、国土资源、民政主管部门可根据当地实际和工作需要，开展有关养老服务设施建设地方标准编制工作，进一步补充和细化国家标准、行业标准，提高标准的适用性和可操作性，满足实际工作需要。

四、强化养老服务设施规划审查和建设监管

在城市总体规划、控制性详细规划编制和审查过程中，城乡规划编制单位和城乡规划主管部门应严格贯彻落实《意见》所提出的人均用地不低于0.1平方米的标准，依据规划要求，确定养老服务设施布局和建设标准，分区分级规划设置养老服务设施。对于单体建设的养老服务设施，应当将其所使用的土地单独划宗、单独办理供地手续并设置国有建设用地使用权。凡新建城区和新建居住（小）区，必须按照《城市公共设施规划规范》、《城镇老年人设施规划规范》、《城市居住区规划设计规范》等标准要求配套建设养老服务设施，并与住宅同步规划、同步建设。

在养老服务设施建设过程中，住房城乡建设主管部门应加强养老服务设施设计、施工、验收、备案等环节的管理，保证工程质量安全，新建居住（小）区的养老服务设施应与住宅同步验收、同步交付使用。国土资源主管部门应对建设项目依法用地和履行土地出让合同、划拨决定书的情况进行检查核验，并提出检查核验意见。

五、开展养老服务设施规划建设情况监督检查

各地住房城乡建设主管部门应加强养老服务设施规划建设情况监督检查，每年至少开展一次全面检查。养老服务设施规划建设情况监督检查主要内容包括：新建城区养老服务设施规划建设情况、新建居住（小）区养老服务设施实际配套情况、工程建设标准执行情况等。监督检查报告于当年11月底报送住房城乡建设部标准定额司。

各地住房城乡建设主管部门在城市、镇总体规划实施评估中，应加强养老服务设施规划建设情况评估，对养老服务设施规划滞后或总量不足的，应在城市、镇总体规划修编、修改时予以完善。

住房城乡建设部会同国土资源部、民政部、全国老龄办等部门，将对各地养老服务设施规划建设情况适时进行专项督查。

六、建立养老服务设施规划建设工作协作机制

各地住房城乡建设主管部门会同国土资源、民政和老龄办等部门，应按本通知要求做好沟通协调，建立协作机制，制定年度计划，明确工作任务，落实责任单位，共同推进养老服务设施建设工作，实现《意见》规定的发展目标，使符合标准的日间照料中心、老年人活动中心等服务设施覆盖所有城市社区，90%以上的乡镇和60%以上的农村社区建立包括养老服务在内的社区综合服务设施和站点。全国社会养老床位数达到每千名老年人35~40张。

各地国土资源主管部门应将养老服务设施建设用地纳入土地利用总体规划和土地利用年度计划，按照住房开发与养老服务设施同步建设的要

求，对养老服务设施建设用地依法及时办理供地和用地手续。

各地民政主管部门应加强养老服务业务指导，对养老服务设施选址和布局提出建议。各地老龄办应发挥综合协调作用，对养老服务设施规划建设工作提供支持并给予指导。

七、做好养老服务设施规划建设宣传工作

各地住房城乡建设主管部门要通过多种形式大力宣传养老服务设施规划建设的重要意义和取得的成果，积极参与民政、老龄办等部门组织的涉老、为老、养老宣传活动，扩大养老服务设施规划建设工作的影响，营造全社会关心、支持、监督养老服务设施规划建设的良好氛围。

各地住房城乡建设主管部门要建立健全养老服务设施规划建设管理制度，加强养老服务设施规划建设情况统计，工作进展情况于每年 3 月、6 月、9 月和 12 月的 15 日前报送住房城乡建设部标准定额司，全年工作总结于每年 12 月 15 日前报送住房城乡建设部标准定额司。

请各地住房城乡建设主管部门确定养老服务设施规划建设工作负责处室及联系人，并填写《养老服务设施规划建设工作联系表》（见附件），于 2014 年 2 月 28 日前报送住房城乡建设部标准定额司。

中华人民共和国住房和城乡建设部

中华人民共和国国土资源部

中华人民共和国民政部

全国老龄工作委员会办公室

2014 年 1 月 28 日

9. 国土资源部办公厅关于印发《养老服务设施用地指导意见》的通知（国土资厅发〔2014〕11 号）

各省、自治区、直辖市国土资源主管部门，新疆生产建设兵团国土资源局，计划单列市国土资源主管部门：

为贯彻落实《国务院关于加快发展养老服务业的若干意见》（国发〔2013〕35 号）文件精神，保障养老服务设施用地供应，规范养老服务设施用地开发利用管理，大力支持养老服务业发展，部制定了《养老服务设施用地指导意见》（以下简称“《意见》”），现予印发，请结合本地实际认真贯彻执行。

本通知自下发之日起执行，有效期五年。

国土资源部办公厅

2014 年 4 月 17 日

养老服务设施用地指导意见

一、合理界定养老服务设施用地范围。专门为老年人提供生活照料、康复护理、托管等服务的房屋和场地设施占用土地，可确定为养老服务设施用地。老年酒店、宾馆、会所、商场、俱乐部等商业性设施占用土地，不属于本《意见》中的养老服务设施用地。

二、依法确定养老服务设施土地用途和年期。养老服务设施用地在办理供地手续和土地登记时，土地用途应确定为医卫慈善用地。

依据《土地利用现状分类》（GB/T21010—2007），规划为公共管理用地、公共服务用地中的医卫慈善用地，可布局和安排养老服务设施用地，其他用地中只能配套建设养老服务设施用房并分摊相应的土地面积。

养老服务设施用地以出让方式供应的，建设用地使用权出让年限按最高不超过 50 年确定。以租赁方式供应的，租赁年限在合同中约定，最长租赁期限不得超过同类用途土地出让最高年期。

三、规范编制养老服务设施供地计划。养老服务设施用地供应应当纳入国有建设用地供应计划。新建城区和居住小区配建养老服务设施用地的，建设规模应一并纳入住房建设用地供应计划；新建养老机构服务设施用地的，应根据城乡规划布局要求，统筹考虑，分期分阶段纳入国有建设用地供应计划。对闲置土地依法处置后由政府收回的，规划用途符合要求的，可优先用于养老服务设施用地，一并纳入国有建设用地供应计划。

四、细化养老服务设施供地政策。经养老主管部门认定的非营利性养老服务机构的，其养老服务设施用地可采取划拨方式供地。民间资本举办的非营利性养老服务机构，经养老主管部门认定后同意变更为营利性养老服务机构的，其养老服务设施用地应当报经市、县人民政府批准后，可以办理协议出让（租赁）土地手续，补缴土地出让金（租金）。但法律法规规章和原《国有建设用地划拨决定书》明确应当收回划拨建设用地使用权的除外。

营利性养老服务设施用地，应当以租赁、出让等有偿方式供应，原则上以租赁方式为主。土地出让（租赁）计划公布后，同一宗养老服务设施用地有两个或者两个以上意向用地者的，应当以招标、拍卖或者挂牌方式供地。以招标、拍卖或者挂牌方式供应养老服务设施用地时，不得设置要求竞买人具备相应资质、资格等影响公平公正竞争的限制条件。房地产用地中配套建设养老服务设施的，可将养老服务设施的建设要求作为出让条件，但不得将养老服务机构的资格或资信等级等作为出让条件。

五、鼓励租赁供应养老服务设施用地。为降低营利性养老服务机构的建设成本，各地可制订养老服务设施用地以出租或先租后让供应的鼓励政策和租金标准，明确相应的权利和义务，向社会公开后执行。市县国土资源管理部门与用地者应当签订养老服务设施用地租赁合同，约定租赁国有建设用地的出租人和承租人、地块的位置、用途、面积、空间范围、容积率、租期、租金标准及调整时间和方式、到期处置与续期或出让等内容。

六、实行养老服务设施用地分类管理。新建城区和居住（小）区按规定配建养老服务设施，依据规划用途可以划分为不同宗地的，应当先行分割成不同宗地，再按宗供应；不能分宗的，应当明确养老服务设施用地、社区其他用途土地的面积比例和供应方式。

新建养老服务机构项目用地涉及新增建设用地，符合土地利用总体规划和城乡规划的，应当在土地利用年度计划指标中优先予以安排。

新建养老服务设施用地依据规划单独办理供地手续的，其宗地面积原则上控制在3公顷以下。有集中配建医疗、保健、康复等医卫设施的，不得超过5公顷。新建城区和居住（小）区按规定配建养老服务设施用地，应当在《国有建设用地使用权出让合同》或《国有建设用地划拨决定书》中予以特别说明，应明确配建的面积、容积率、开发投资条件和开发建设周期，以及建成后交付、运营、管理、后续监管的方式等。

七、加强养老服务设施用地监管。在核发国有建设用地划拨决定书、签订出让合同和租赁合同时，应当作出以下规定或者约定：

（一）建设用地使用权可以整体转让和转租、不得分割转让和转租；

（二）不得改变规划确定的土地用途，改变用途用于住宅、商业等房地产开发的，由市、县国土资源管理部门依法收回建设用地使用权；

（三）签订出让合同和租赁合同时，应当约定出让或租赁建设用地使用权可以设定抵押权。划拨建设用地要设定抵押权，在核发划拨决定书时，应当约定划拨建设用地使用权不得单独设定抵押权，设定房地产抵押权的建设用地使用权是以划拨方式取得的，应当从拍卖所得的价款中缴纳相当于应缴纳的土地使用权出让金的款额后，抵押权人方可优先受偿；

（四）养老服务设施用地内建设的老年公寓、宿舍等居住用房，可参照公共租赁住房套型建筑面积标准，限定在40平方米以内；

（五）向符合养老申请条件的老年人出租老年公寓、宿舍等居住用房的，出租服务合同应约定服务期限一次最长不能超过5年，期限届满，原承租人有优先承租权。

八、鼓励盘活存量用地用于养老服务设施建设。对营利性养老服务机构利用存量建设用地从事养老设施建设，涉及划拨建设用地使用权出让（租赁）或转让的，在原土地用途符合规划的前提下，可不改变土地用途，允许补缴土地出让金（租金），办理协议出让或租赁手续。在符合规划的前提下，在已建成的住宅小区内增加非营利性养老服务设施建筑面积的，可不增收土地价款。若后续调整为营利性养老服务设施的，应补缴相应土地价款。

企事业单位、个人对城镇现有空闲的厂房、学校、社区用房等进行改造和利用，兴办养老服务机构，经规划批准临时改变建筑使用功能从事非营利性养老服务且连续经营一年以上的，五年内可不增收土地年租金或土地收益差价，土地使用性质也可暂不作变更。

九、利用集体建设用地兴办养老服务设施。农村集体经济组织可依法使用本集体所有土地，为本集体经济组织内部成员兴办非营利性养老服务设施。民间资本举办的非营利性养老机构与政府举办的养老机构可以依法使用农民集体所有的土地。

10. 民政部 国土资源部 财政部 住房城乡建设部关于推进城镇养老服务设施建设工作的通知（民发〔2014〕116号）

各省、自治区、直辖市民政厅（局）、国土资源厅（局）、财政厅（局）、住房城乡建设厅（局），各计划单列市民政局、国土资源局、财政局、住房城乡建设局，新疆生产建设兵团民政局、国土资源局、财务局、住房城乡建设局：

城镇养老服务设施是在城镇范围内建设的，专为老年人提供生活照料、康复护理、文体娱乐、精神慰藉、日间照料、短期托养、紧急救援等服务的设施，包括居家和社区养老服务设施、各类养老机构。近年来，随着城镇化进程的加快和城镇老年人口的增长，我国城镇养老服务设施建设用地紧张、总量不足、设施落后等问题不断突出，日益成为制约养老服务业发展的瓶颈因素。为了贯彻落实《国务院关于加快养老服务业发展的若干意见》（国发〔2013〕35号，以下简称《意见》），加快推进城镇养老服务设施建设，现就有关问题通知如下。

一、充分认识推进城镇养老服务设施建设的重要意义

城镇养老服务设施是城镇公共服务设施的重要组成，是满足老年人养老服务需求的重要基础，是养老服务业发展的重要载体。加强城镇养老服务设施建设，有利于建立健全城镇养老服务网络，有利于提高城镇老年人生活质量，有利于拉动内需、扩大就业、推动经济转型升级。各地要充分认识推进城镇养老服务设施建设的重要意义，统筹规划，突出重点，落实责任，有效满足老年人多样化、多层次的养老服务需求。

二、加强规划，分类实施，统筹推进城镇养老服务设施建设

（一）完善养老服务和设施规划。

要落实老年人权益保障法的规定，将养老服务、相关设施建设纳入经济社会发展规划、土地利用总体规划和相关城乡规划。要科学分析本地区

老龄化趋势，按照城乡老年人口发展态势、所占比例和分布情况以及养老服务业发展需要，完善和优化城镇养老、医疗卫生、文化等各类公共服务体系，并将相关设施建设规划纳入城市总体规划、控制性详细规划，并严格实施，满足老年人生活需要。

（二）强化养老服务设施用地保障。

要落实国务院《意见》的规定，按照人均用地不少于0.1平方米的标准，分区分级规划设置养老服务设施。老年人口较为集中或者老龄化程度较高的地方，要适当加大养老设施建设规模。要结合国务院《意见》提出的2020年养老服务业发展目标，合理确定本地区养老服务设施特别是居家和社区养老服务设施、各类养老机构建设具体目标，测算出建设规模、用地需求，按规划分解确定年度用地计划，逐年抓好落实。

（三）加强居家和社区养老服务设施建设。

新建居住（小）区要将居家和社区养老服务设施与住宅同步规划、同步建设、同步验收、同步交付使用。大型住宅开发项目的居家和社区养老服务设施可以适当分散布局，小型住宅开发项目可在相邻附近适当集中配置。各地国土资源、住房城乡建设等部门要加强对项目规划、用地、建设和竣工验收等环节的监督。已建成居住（小）区要通过资源整合、购置、租赁、腾退、置换等方式，配置相应面积并符合建设使用标准的居家和社区养老服务配套设施。

本《通知》下发以前居住（小）区配建居家和社区养老服务设施的情况，由各地民政部门牵头，住房城乡建设、国土资源、财政等部门积极配合，进行一次全面的清理检查。各地要在2014年12月20日前完成清理检查工作，并将清理检查情况以省为单位上报民政部、住房城乡建设部、国土资源部、财政部。对未按规定配建居家和社区养老服务设施的，自本《通知》下发之日起1年内完成整改方案制定并启动整改工作，限期落实。

（四）推进各类养老机构建设与发展。

要从经济社会发展水平和养老服务发展现状出发，结合人民群众实际需求，合理安排公办养老机构建设项目，逐步形成布局合理、种类齐全、功能多样的养老机构网络。各地公办养老机构要充分发挥托底作用，重点为“三无”（无劳动能力，无生活来源，无赡养人和扶养人，或者其赡养人和扶养人确无赡养和扶养能力）老人、低收入老人、经济困难的失能半失能老人提供无偿或低收费的供养、护理服务。同时，进一步降低社会力量举办养老机构的门槛，支持社会力量举办养老机构。

三、推进城镇养老服务设施建设的保障措施

各级民政、财政、国土资源、住房城乡建设等部门要加强组织领导，密切沟通合作，定期开展督促检查，加快推进城镇养老服务设施建设。

（一）明确责任，分工负责。要落实工作责任，完善工作流程，形成政府统一领导、部门密切合作的良性工作机制。编制新建居住（小）区规划时，住房城乡建设、规划等部门要依据当地控制性详细规划和养老服务设施建设专项规划、建设年度计划等，按相关用地标准、设计规范提出养老服务设施规划要求；国土资源部门对规划可以分宗的养老服务设施用地，应按相关政策单独办理供地手续，对需要在其他建筑物内部配建或确实不具备单宗划宗条件的养老服务设施，国土资源部门可将规划确定的配建养老服务设施指标纳入所在宗地的土地供应条件，并在土地出让合同或划拨决定书中明确约定土地使用权人需要承担配建任务的具体内容。配建养老服务设施建成后，土地使用权人应按相关约定、规定交付相关单位或按国家相关规定严格使用管理。各地要采取有效措施，严格养老服务设施使用方向的管理，严禁改变用途。

（二）加强协调，提高效率。要建立起有效的沟通协调机制，发挥部门联动效应，共同做好城镇养老服务设施建设工作。对于条件成熟的养老服务设施项目，要及时跟进服务，开辟“绿色通道”；对于在建设过程中出现的情况，要及时沟通协调解决；要建立联合督查制度，定期对工作进展情况进行督促检查；要建立责任追究制度，明确各部门在工作推进中的责任分工。

（三）整合资源，发挥效益。要加强城镇养老服务设施与社区服务中心（服务站）及社区卫生、文化、体育等设施的功能衔接，做到资源整合，提高使用率，发挥综合效益。要研究制定政策措施，支持和引导各类社会主体参与城镇养老服务设施的建设、运营和管理，提供养老服务。城镇各类具有为老年人服务功能的设施都要向老年人开放。要按照无障碍设施工程建设相关标准和规范，推动和扶持老年人家庭无障碍设施的改造，加快推进坡道、电梯等与老年人日常生活密切相关的公共设施改造。

（四）落实政策，强化扶持。城镇养老服务设施建设按国家有关规定享受优惠政策，其建设过程中发生的规费按有关政策给予减免。城镇养老服务设施用电、用水、用气、用热按居民生活类价格执行。

（五）依法履职，加强监管。明确用于城镇养老服务设施建设的用地、用房，不得挪作他用。非经法定程序，不得改变养老服务设施的用途。严禁养老服务设施建设用地、用房改变用途、容积率等土地使用条件搞房地产开发。各地民政、住房城乡建设、国土资源、规划部门要依法加强监督管理。

各地如在贯彻执行本《通知》过程中遇到重大情况和问题，请及时报告。

民政部　国土资源部　财政部　住房城乡建设部

2014 年 5 月 28 日

五、准入登记类政策

11.《养老机构管理办法》（中华人民共和国民政部令 第 66 号）

《养老机构管理办法》已经 2020 年 8 月 21 日民政部部务会议通过，现予公布，自 2020 年 11 月 1 日起施行。

2020 年 9 月 1 日

第一章　总则

第一条　为了规范对养老机构的管理，促进养老服务健康发展，根据《中华人民共和国老年人权益保障法》和有关法律、行政法规，制定本办法。

第二条　本办法所称养老机构是指依法办理登记，为老年人提供全日集中住宿和照料护理服务，床位数在 10 张以上的机构。

养老机构包括营利性养老机构和非营利性养老机构。

第三条　县级以上人民政府民政部门负责养老机构的指导、监督和管理。其他有关部门依照职责分工对养老机构实施监督。

第四条　养老机构应当按照建筑、消防、食品安全、医疗卫生、特种设备等法律、法规和强制性标准开展服务活动。

养老机构及其工作人员应当依法保障收住老年人的人身权、财产权等合法权益。

第五条　入住养老机构的老年人及其代理人应当遵守养老机构的规章制度，维护养老机构正常服务秩序。

第六条　政府投资兴办的养老机构在满足特困人员集中供养需求的前提下，优先保障经济困难的孤寡、失能、高龄、计划生育特殊家庭等老年人的服务需求。

政府投资兴办的养老机构，可以采取委托管理、租赁经营等方式，交由社会力量运营管理。

第七条　民政部门应当会同有关部门采取措施，鼓励、支持企业事业单位、社会组织或者个人兴办、运营养老机构。

鼓励自然人、法人或者其他组织依法为养老机构提供捐赠和志愿服务。

第八条　鼓励养老机构加入养老服务行业组织，加强行业自律和诚信建设，促进行业规范有序发展。

第二章　备案办理

第九条　设立营利性养老机构，应当在市场监督管理部门办理登记。设立非营利性养老机构，应当依法办理相应的登记。

养老机构登记后即可开展服务活动。

第十条　营利性养老机构办理备案，应当在收住老年人后 10 个工作日以内向服务场所所在地的县级人民政府民政部门提出。非营利性养老机构办理备案，应当在收住老年人后10个工作日以内向登记管理机关同级的人民政府民政部门提出。

第十一条 养老机构办理备案，应当向民政部门提交备案申请书、养老机构登记证书、符合本办法第四条要求的承诺书等材料，并对真实性负责。

备案申请书应当包括下列内容：

（一）养老机构基本情况，包括名称、住所、法定代表人或者主要负责人信息等；

（二）服务场所权属；

（三）养老床位数量；

（四）服务设施面积；

（五）联系人和联系方式。

民政部门应当加强信息化建设，逐步实现网上备案。

第十二条 民政部门收到养老机构备案材料后，对材料齐全的，应当出具备案回执；材料不齐全的，应当指导养老机构补正。

第十三条 已经备案的养老机构变更名称、法定代表人或者主要负责人等登记事项，或者变更服务场所权属、养老床位数量、服务设施面积等事项的，应当及时向原备案民政部门办理变更备案。

养老机构在原备案机关辖区内变更服务场所的，应当及时向原备案民政部门办理变更备案。营利性养老机构跨原备案机关辖区变更服务场所的，应当及时向变更后的服务场所所在地县级人民政府民政部门办理备案。

第十四条 民政部门应当通过政府网站、政务新媒体、办事大厅公示栏、服务窗口等途径向社会公开备案事项及流程、材料清单等信息。

民政部门应当依托全国一体化在线政务服务平台，推进登记管理机关、备案机关信息系统互联互通、数据共享。

第三章 服务规范

第十五条 养老机构应当建立入院评估制度，对老年人的身心状况进行评估，并根据评估结果确定照料护理等级。

老年人身心状况发生变化，需要变更照料护理等级的，养老机构应当重新进行评估。

养老机构确定或者变更老年人照料护理等级，应当经老年人或者其代理人同意。

第十六条 养老机构应当与老年人或者其代理人签订服务协议，明确当事人的权利和义务。

服务协议一般包括下列条款：

（一）养老机构的名称、住所、法定代表人或者主要负责人、联系方式；

（二）老年人或者其代理人和紧急联系人的姓名、住址、身份证明、联系方式；

（三）照料护理等级和服务内容、服务方式；

（四）收费标准和费用支付方式；

（五）服务期限和场所；

（六）协议变更、解除与终止的条件；

（七）暂停或者终止服务时老年人安置方式；

（八）违约责任和争议解决方式；

（九）当事人协商一致的其他内容。

第十七条 养老机构按照服务协议为老年人提供生活照料、康复护理、精神慰藉、文化娱乐等服务。

第十八条 养老机构应当为老年人提供饮食、起居、清洁、卫生等生活照料服务。

养老机构应当提供符合老年人住宿条件的居住用房，并配备适合老年人安全保护要求的设施、设备及用具，定期对老年人的活动场所和物品进行消毒和清洗。

养老机构提供的饮食应当符合食品安全要求、适宜老年人食用、有利于老年人营养平衡、符合民族风俗习惯。

第十九条 养老机构应当为老年人建立健康档案，开展日常保健知识宣传，做好疾病预防工作。养老机构在老年人突发危重疾病时，应当及时转送医疗机构救治并通知其紧急联系人。

养老机构可以通过设立医疗机构或者采取与周边医疗机构合作的方式，为老年人提供医疗服务。养老机构设立医疗机构的，应当按照医疗机构管理相关法律法规进行管理。

第二十条 养老机构发现老年人为传染病病人或者疑似传染病病人的，应当及时向附近的疾病预防控制机构或者医疗机构报告，配合实施卫生处理、隔离等预防控制措施。

养老机构发现老年人为疑似精神障碍患者的，应当依照精神卫生相关法律法规的规定处理。

第二十一条 养老机构应当根据需要为老年人提供情绪疏导、心理咨询、危机干预等精神慰藉服务。

第二十二条 养老机构应当开展适合老年人的文化、教育、体育、娱乐活动，丰富老年人的精神文化生活。

养老机构开展文化、教育、体育、娱乐活动时，应当为老年人提供必要的安全防护措施。

第二十三条 养老机构应当为老年人家庭成员看望或者问候老年人提供便利，为老年人联系家庭成员提供帮助。

第二十四条 鼓励养老机构运营社区养老服务设施，或者上门为居家老年人提供助餐、助浴、助洁等服务。

第四章 运营管理

第二十五条 养老机构应当按照国家有关规定建立健全安全、消防、食品、卫生、财务、档案管理等规章制度，制定服务标准和工作流程，并予以公开。

第二十六条 养老机构应当配备与服务和运营相适应的工作人员，并依法与其签订聘用合同或者劳动合同，定期开展职业道德教育和业务培训。

养老机构中从事医疗、康复、消防等服务的人员，应当具备相应的职业资格。

养老机构应当加强对养老护理人员的职业技能培训，建立健全体现职业技能等级等因素的薪酬制度。

第二十七条 养老机构应当依照其登记类型、经营性质、运营方式、设施设备条件、管理水平、服务质量、照料护理等级等因素合理确定服务项目的收费标准，并遵守国家和地方政府价格管理有关规定。

养老机构应当在醒目位置公示各类服务项目收费标准和收费依据，接受社会监督。

第二十八条 养老机构应当实行24小时值班，做好老年人安全保障工作。

养老机构应当在各出入口、接待大厅、值班室、楼道、食堂等公共场所安装视频监控设施，并妥善保管视频监控记录。

第二十九条 养老机构内设食堂的，应当取得市场监督管理部门颁发的食品经营许可证，严格遵守相关法律、法规和食品安全标准，执行原料控制、餐具饮具清洗消毒、食品留样等制度，并依法开展食堂食品安全自查。

养老机构从供餐单位订餐的，应当从取得食品生产经营许可的供餐单位订购，并按照要求对订购的食品进行查验。

第三十条 养老机构应当依法履行消防安全职责，健全消防安全管理制度，实行消防工作责任制，配置消防设施、器材并定期检测、维修，开展日常防火巡查、检查，定期组织灭火和应急疏散消防安全培训。

养老机构的法定代表人或者主要负责人对本单位消防安全工作全面负责，属于消防安全重点单位的养老机构应当确定消防安全管理人，负责组织实施本单位消防安全管理工作，并报告当地消防救援机构。

第三十一条 养老机构应当依法制定自然灾害、事故灾难、公共卫生事件、社会安全事件等突发事件应急预案，在场所内配备报警装置和必要的应急救援设备、设施，定期开展突发事件应急演练。

突发事件发生后，养老机构应当立即启动应急预案，采取防止危害扩大的必要处置措施，同时根据突发事件应对管理职责分工向有关部门和民政部门报告。

第三十二条 养老机构应当建立老年人信息档案，收集和妥善保管服务协议等相关资料。档案的保管期限不少于服务协议期满后五年。

养老机构及其工作人员应当保护老年人的个人信息和隐私。

第三十三条 养老机构应当按照国家有关规定接受、使用捐赠、资助。

鼓励养老机构为社会工作者、志愿者在机构内开展服务提供便利。

第三十四条 鼓励养老机构投保责任保险，降低机构运营风险。

第三十五条 养老机构因变更或者终止等原因暂停、终止服务的，应当在合理期限内提前书面通知老年人或者其代理人，并书面告知民政部门。

老年人需要安置的，养老机构应当根据服务协议约定与老年人或者其代理人协商确定安置事宜。民政部门应当为养老机构妥善安置老年人提供帮助。

养老机构终止服务后，应当依法清算并办理注销登记。

第五章 监督检查

第三十六条 民政部门应当加强对养老机构服务和运营的监督检查，发现违反本办法规定的，及时依法予以处理并向社会公布。

民政部门在监督检查中发现养老机构存在应当由其他部门查处的违法违规行为的，及时通报有关部门处理。

第三十七条 民政部门依法履行监督检查职责，可以采取以下措施：

（一）向养老机构和个人了解情况；

（二）进入涉嫌违法的养老机构进行现场检查；

（三）查阅或者复制有关合同、票据、账簿及其他有关资料；

（四）发现养老机构存在可能危及人身健康和生命财产安全风险的，责令限期改正，逾期不改正的，责令停业整顿。

民政部门实施监督检查时，监督检查人员不得少于2人，应当出示执法证件。

对民政部门依法进行的监督检查，养老机构应当配合，如实提供相关资料和信息，不得隐瞒、拒绝、阻碍。

第三十八条　对已经备案的养老机构，备案民政部门应当自备案之日起20个工作日以内进行现场检查，并核实备案信息；对未备案的养老机构，服务场所所在地的县级人民政府民政部门应当自发现其收住老年人之日起20个工作日以内进行现场检查，并督促及时备案。

民政部门应当每年对养老机构服务安全和质量进行不少于一次的现场检查。

第三十九条　民政部门应当采取随机抽取检查对象、随机选派检查人员的方式对养老机构实施监督检查。抽查情况及查处结果应当及时向社会公布。

民政部门应当结合养老机构的服务规模、信用记录、风险程度等情况，确定抽查比例和频次。对违法失信、风险高的养老机构，适当提高抽查比例和频次，依法依规实施严管和惩戒。

第四十条　民政部门应当加强对养老机构非法集资的防范、监测和预警工作，发现养老机构涉嫌非法集资的，按照有关规定及时移交相关部门。

第四十一条　民政部门应当充分利用信息技术手段，加强对养老机构的监督检查，提高监管能力和水平。

第四十二条　民政部门应当定期开展养老服务行业统计工作，养老机构应当及时准确报送相关信息。

第四十三条　养老机构应当听取老年人或者其代理人的意见和建议，发挥其对养老机构服务和运营的监督促进作用。

第四十四条　民政部门应当畅通对养老机构的举报投诉渠道，依法及时处理有关举报投诉。

第四十五条 民政部门发现个人或者组织未经登记以养老机构名义开展活动的，应当书面通报相关登记管理机关，并配合做好查处工作。

第六章 法律责任

第四十六条 养老机构有下列行为之一的，由民政部门责令改正，给予警告；情节严重的，处以 3 万元以下的罚款：

（一）未建立入院评估制度或者未按照规定开展评估活动的；

（二）未与老年人或者其代理人签订服务协议，或者未按照协议约定提供服务的；

（三）未按照有关强制性国家标准提供服务的；

（四）工作人员的资格不符合规定的；

（五）利用养老机构的房屋、场地、设施开展与养老服务宗旨无关的活动的；

（六）未依照本办法规定预防和处置突发事件的；

（七）歧视、侮辱、虐待老年人以及其他侵害老年人人身和财产权益行为的；

（八）向负责监督检查的民政部门隐瞒有关情况、提供虚假材料或者拒绝提供反映其活动情况真实材料的；

（九）法律、法规、规章规定的其他违法行为。

养老机构及其工作人员违反本办法有关规定，构成违反治安管理行为的，依法给予治安管理处罚；构成犯罪的，依法追究刑事责任。

第四十七条 民政部门及其工作人员在监督管理工作中滥用职权、玩忽职守、徇私舞弊的，对直接负责的主管人员和其他责任人员依法依规给予处分；构成犯罪的，依法追究刑事责任。

第七章 附 则

第四十八条 国家对农村五保供养服务机构的管理有特别规定的，依照其规定办理。

第四十九条 本办法自 2020 年 11 月 1 日起施行。2013 年 6 月 28 日民政部发布的《养老机构管理办法》同时废止。

12. 民政部等13部门关于加快推进养老服务业放管服改革的通知

（民发〔2017〕25号）

各省、自治区、直辖市民政厅（局）、发展改革委、公安厅（局）、财政厅（局）、国土资源主管部门、环境保护厅（局）、住房城乡建设厅（建委、建交委、规划委、市政管委）、卫生计生委、工商局、食品药品监督管理局、银监局、老龄办；中国人民银行上海总部，各分行、营业管理部，各省会（首府）城市中心支行，各副省级城市中心支行；新疆生产建设兵团民政局、发展改革委、公安局、财务局、国土资源局、建设局（环保局）、卫生局、人口计生委、工商局、食品药品监督管理局、老龄办：

为尽快破除养老服务业发展瓶颈，激发市场活力和民间资本潜力，促进社会力量逐步成为发展养老服务业的主体，现就在社会领域推进养老服务业简政放权、放管结合、优化服务改革有关事项通知如下：

一、总体要求

全面贯彻落实党的十八大和十八届三中、四中、五中、六中全会精神，按照国务院关于深化简政放权、放管结合、优化服务改革的部署要求，坚持问题导向，创新工作思路，进一步调动社会力量参与养老服务业发展的积极性，降低创业准入的制度性成本，营造公平规范的发展环境，培育和打造一批品牌化、连锁化、规模化的养老服务企业和社会组织。

推进养老服务业放管服改革的指导原则是：

——流程简化优化。整合养老投资项目报建手续，优化养老机构相关审批条件，精简办事环节，加快业务流程再造，明确标准和时限。没有法律法规或规章依据以及能够通过与其他部门信息共享获取相关申请信息的，原则上不再要求提交申请材料。

——管理依法合规。严格遵循法律法规，坚持运用法治思维和法治方式，规范养老服务行业管理，确保养老服务和产品质量，营造安全、便利、诚信的服务环境。

——服务便捷高效。拓展服务渠道，创新服务方式，建立健全首问负责、一次性告知、并联办理、限时办结等制度。促进办事部门审批和服务相互衔接，让群众办事更方便、创业更顺畅。

——政策衔接有效。强化服务意识，推动各项扶持政策相互衔接、落地管用，增强政策针对性操作性，切实解决重点难点问题，提高服务创新能力。

二、加大简政放权力度

（一）规范养老服务投资项目审批报建手续。

1. 整合审批流程。将投资建设养老服务设施工程项目审批流程整合为项目审批（或项目核准、备案）、用地审批、规划报建、施工许可 4 个阶段。

2. 明确牵头部门。发展改革部门负责牵头项目审批（或项目核准、备案）阶段工作。国土资源部门负责牵头用地审批阶段工作。城乡规划部门负责牵头规划报建阶段工作。住房城乡建设部门负责牵头施工许可阶段工作。

3. 实行并联审批。打破部门界限，压减和理顺审批事项的前置条件，每个审批阶段由牵头部门统一受理申请材料、统一组织其他审批部门开展并联审批、督促协调审批进度、在流程限定的时间内完成审批并统一告知项目建设单位审批结果。

4. 探索实行养老服务建设工程项目区域评估。凡是符合已经批复的控制性详细规划的区域，不再对区域内具体养老投资项目进行交通影响、水影响、地震安全性等方面的评估审查。

（二）简化优化养老机构相关审批手续。

5. 简化设立养老机构的申请材料。申请人设立养老机构许可时，能够提供服务设施产权证明的，不再要求提供建设单位的竣工验收合格证明。

6. 食品经营实行“先照后证”。养老机构从事餐饮服务活动，应当依法先行取得营业执照等合法主体资格后，申请食品经营许可证。

7. 简化环境影响评价。对养老机构环境影响评价实施分类管理，对环境影响很小需填报环境影响登记表的养老机构实施备案管理。

8. 取消部分机构的消防审验手续。1998 年 9 月以前建设使用，且未发生改、扩建（含室内外装修、建筑保温、用途变更）的，不需要办理消防设计审核、消防验收或备案手续；建筑面积在300平方米以下或者投资30万元以下的养老机构、设施，不需要办理消防设计、竣工验收备案手续。其他养老机构依法办理消防审验或备案手续。

9. 支持加快完善服务场所的产权登记手续。对于新建养老机构或者利用已有建筑申请设立养老机构涉及办理不动产登记的，不动产登记机构要通过“首问负责”“一站式服务”等举措，依法加快办理不动产登记手续，提供高效便捷的不动产登记服务，支持申请设立和建设养老机构。对于相关手续不完善，暂时无法办理不动产登记的，支持其依法加快完善相关手续后办理。

三、强化监督管理能力

10. 提升行政监管能力。各级民政部门加强对养老服务的指导、监督和管理，其他有关部门依照职责分工对养老服务实施监管。加强监管能力建设，整合充实工作力量，加强业务培训，确保事有人管、责有人负。

11. 规范行政执法行为。推行“双随机、一公开”监管模式，制定养老机构管理行政执法工作指南，对养老机构行政违法案件严格按照法定权限和程序办理，主动公开违法案件办理流程、明确告知当事人做出行政处罚决定的事实、理由、依据和依法享有的权利。对养老服务企业做出的行政处罚信息，通过国家企业信用信息公示系统和“信用中国”网站依法予以公示。

12. 建立社会评估机制。发挥行业自律、群众举报、媒体监督等方面的作用。鼓励通过政府购买服务方式，委托第三方机构定期对养老服务机构的人员、设施、服务、管理、信誉等情况进行综合评价，评估结果应当向社会公布。

13. 畅通投诉渠道。各有关部门应当建立养老服务举报和投诉制度，接到举报、投诉后应当及时核实、处理。

四、提升政府服务水平

（一）加强政府信息公开力度。

14. 及时发布供需信息。各地应当及时、主动公布当地养老服务相关的供需信息，便于社会力量和公众了解、查询和利用。

15. 加强许可信息公开。创新政务公开方式方法，各地应普遍将法律法规、规章规定的设立养老机构有关行政许可的事项、依据、条件、数量、程序、期限以及需要提交的材料目录和申请书示范文本等，在办事服务窗口及政务网站公开。对养老服务企业做出的行政许可信息，通过国家企业信用信息公示系统和“信用中国”网站依法予以公示。

16. 强化政策宣传引导。对有意设立养老机构和发展社区居家养老服务的自然人、法人或其他社会组织，各地要做好相关法律法规和政策措施的宣传解释。各地可制定统一的筹建指导书，方便申请人到相关部门办理相关行政许可手续。

17. 实现登记信息共享。按照统一归集、及时准确、共享共用的原则，积极做好经营性养老机构信息统一归集公示工作，明确归集的具体内容，建立数据比对工作机制，促进协同监管和信用约束。

（二）提高政府精准推动养老服务发展能力。

18. 转变运营补贴发放方式。各地养老服务机构运营补贴发放方式应逐步由“补砖头”“补床头”向“补人头”转变，依据实际服务老年人数量发放补贴。对服务失能老年人的补贴标准应予以适当倾斜，对提供相同服务的经营性养老机构应享受与公益性养老机构同等补贴政策。

19. 创新服务设施供给方式。多渠道筹集资金，加强社区综合为老服务设施建设。现有居住（小）区未配套建有养老服务设施的，各地应通过置换、租赁、购置等方式提供。鼓励各地采取公建民营等方式，将产权归政府所有的养老服务设施委托企业或社会组织运营。

20. 加大优惠扶持力度。梳理政府购买社区居家养老服务内容，并列入政府购买服务指导性目录，培育和扶持合格供应商进入。

21. 推进连锁化经营。进一步完善制度、规范流程，鼓励养老机构和服务企业依法设立分支机构，实现连锁化、规模化、品牌化发展。

22. 鼓励发起设立采取股权投资等市场化方式独立运作的养老投资基金，吸引社会力量进入养老服务基础设施和服务领域。

五、工作措施

（一）加强组织领导。各地区、各有关部门要高度重视养老服务业放管服改革，主要领导要亲自抓，及时协调解决改革中遇到的重大问题。发展改革、民政、公安、住房城乡建设、工商行政管理等部门要各负其责、协同配合，确保改革顺利推进。发挥好老龄工作机构的组织、协调、指导、督促职能。对于与改革精神不相适应的部门规章和政策措施，要及时修订和完善。

（二）加强督促检查。各地区、各有关部门要适时对养老服务业放管服改革进展情况进行督促检查，畅通社会监督渠道。对工作积极主动、成效明显的地区，要予以表扬和激励；对落实不力、延误改革进程的，要严肃问责。

（三）加强宣传引导。各地区、各有关部门要充分认识推进养老服务业放管服改革的重要意义，积极推广行之有效的经验做法，及时解答和回应公众关切，在全社会营造理解和支持改革的良好氛围。

民政部 发展改革委 公安部
财政部 国土资源部 环境保护部
住房城乡建设部 卫生计生委 中国人民银行
工商总局 食品药品监管总局 银监会 全国老龄办
2017 年 1 月 23 日

六、安全保障类政策

13. 关于推进养老机构责任保险工作的指导意见

各省、自治区、直辖市民政厅（局）、老龄办，各计划单列市民政局、老龄办，新疆生产建设兵团民政局、老龄办，各保监局：

为贯彻落实《中华人民共和国老年人权益保障法》、《国务院关于加快发展养老服务业的若干意见》（国发〔2013〕35 号）等法律政策关于鼓励养老机构投保责任保险，鼓励保险公司承保责任保险的规定，现就推进养老机构责任保险工作提出以下意见：

一、充分认识推进养老机构责任保险工作的重要意义

推进养老机构责任保险工作，是构建养老服务业风险分担机制的重要内容，是提升养老机构责任意识和风险意识，强化养老机构内部管理，降低运营风险，维护老年人合法权益的重要手段，是加强服务环境建设，做好养老机构责任事故善后处理，维护社会和谐稳定大局的重要保障。各地各有关部门要从积极应对人口老龄化，加快养老服务业发展的高度，充分认识推进养老机构责任保险工作的重要意义，吸收借鉴先行地区的经验做法，广泛调动养老机构、保险公司、保险经纪公司等方面参与积极性，加快建立完善养老机构责任保险制度。

二、工作要求

（一）采取有效措施引导各方参与。积极争取通过补贴保险费等政策，鼓励和引导养老机构自愿参加责任保险，有效化解运营风险。吸引保险机构、社会组织等多方参与，充分整合现有资源，形成政府部门、养老机构、保险公司等合作共赢的发展格局。

（二）重视养老机构责任保险公益性。引导保险公司重视社会效益。发挥“大数法则”优势，形成保险价格、服务等多方面的竞争机制，努力使保障范围更加全面、保险费用更加合理。

（三）严格依照法定规程操作。保险方案设计、保险合同订立、承保与理赔等程序均应严格依照《中华人民共和国保险法》等法律法规和操作规范要求，恪守投保自愿和诚实守信原则。在险种设计上要明确保险范围，细化当事人权利义务。建立简便快捷的理赔服务通道，提高赔付效率。

（四）统筹谋划协调推进。各地要努力探索建立与当地经济社会发展、养老服务水平和保险经营水平相适应的养老机构责任保险工作格局。尚未开展养老机构责任保险的地区，可以选择部分地区或者部分养老机构先行试点，待取得一定经验后再逐步推广；已经启动的地区，要依据实施效果，及时调整稳步实施。

三、主要任务

（一）制定完善工作方案。各级民政、保险监管和老龄部门要积极推

动养老机构责任保险工作，制定完善工作方案，广泛征求养老机构、保险公司以及相关部门的意见，并报告当地政府，积极争取政策支持。鼓励以省级为单位，由民政、保险监管和老龄部门共同制定统一投保的指导意见，探索对符合条件的养老机构采取统一保险合同、统一基准费率、统一服务标准，引导和鼓励养老机构投保，保险公司承保。

（二）合理确定保险产品。各地保险监管部门要引导保险公司积极进行产品创新，充分考虑养老服务的特点，按照公平公正、保本微利原则，合理设计保险产品条款、科学厘定费率，满足多样化养老机构责任保险需求。养老机构责任保险应当覆盖老年人从入住养老机构开始接受服务的全过程。要明确保险责任免除情形和除外责任，参考相关法律规定和司法实践，合理确定保费标准、赔付方式、责任限额和争议解决方式。鼓励各地根据实际，制定补充条款或扩大保险范围。要建立费率浮动机制，实施等级费率和经验费率，促进养老机构提高经营管理水平，避免责任事故发生。

（三）公开招标保险机构。各地通过招标或者竞争性谈判方式选择承保的保险公司，应具备经营管理规范、有充足的偿付能力、服务网点分布较广、能够支持异地理赔服务等优势。可选择有经验和能力的保险经纪公司提供保险经纪服务，协助做好保险条款设计、保险项目推广、风险评估等工作。

（四）强化内部风险管理。各级民政和老龄工作部门要把建立养老责任保险制度作为加强养老机构风险管理的重要举措，进一步提高养老机构的设施及管理质量标准，借助保险公司和保险经纪公司的风险管理经验，聘请专业人员参与制定风险管理计划，及时发现服务过程中存在的安全隐患，协助改进风险管理措施，做好赔偿案件数据统计分析工作。要加大督促检查力度，指导养老机构健全各项规章制度，加强行业自律管理。要坚持源头治理，明确养老机构负责人是安全服务第一责任人，以落实机构责任为重点，完善风险管理机制，最大限度地杜绝重大责任事故发生，提高行业服务水平。

四、保障措施

（一）明确部门责任。各级民政、老龄部门要充分发挥政策导向作用，加强业务指导和执行监管。要积极争取财政资金给予保费补贴。养老机构运营补贴中，应当确定一定比例专项用于支付保险费用。积极引导养老机构筹资参加责任保险。各级民政、保险监管和老龄部门要定期对保险方案、理赔服务等进行评估。各地保险监管部门要指导保险公司推进服务创新，加强诚信建设，增强为老年人和养老机构服务的意识。要引导保险公司加强养老责任保险业务管理和风险管理，充分利用专业化风险管理手段防范和化解养老机构服务风险。

（二）健全协作机制。各级民政、保险监管和老龄部门要加强沟通与协调，积极探索促进养老服务业和保险业深层次合作的有效方式，逐步建立有效的养老服务纠纷信息通报制度和定期会商制度，协商解决养老机构责任保险开展过程中出现的问题。要定期通报保险行业理赔相关数据及风险管理方面的意见建议，提出养老机构风险管理和安全服务改进措施。

（三）规范资金管理。对于财政部门给予的保费补贴、公办养老机构的保险费用应当列入预算管理，严格专款专用。各养老机构应当严格遵守保险协议约定，按期支付保险费，不得向入住老年人另行收取责任保险费，严禁截留挪用保险赔偿金。入住老年人发生保险责任事故后，保险公司应当按照协议约定，及时办理赔付手续，协助做好善后处理工作。

（四）加强宣传引导。各级民政、保险监管和老龄部门要进一步加强养老机构责任保险的宣传工作，积极开展相关保险知识的普及和培训，提高养老服务行业保险意识。要根据实际情况，逐步建立和完善促进养老机构责任保险发展的长效机制，及时研究解决工作中存在的问题，不断总结经验。有关工作进展情况及时报告民政部、中国保监会和全国老龄办。

民政部　中国保监会　全国老龄办

2014 年 2 月 28 日

七、优惠扶持类政策

14. 民政部等十部委关于鼓励民间资本参与养老服务业发展的实施意见

（民发〔2015〕33号）

各省、自治区、直辖市民政厅（局）、发展改革委、教育厅（局）、财政厅（局）、人力资源社会保障厅（局）、国土资源厅（局）、住房城乡建设厅（局），卫生计生委、银监局、保监局，各计划单列市民政局、发展改革委、教育局、财政局、人力资源社会保障局、国土资源局、住房城乡建设局、卫生局、银监局、保监局，新疆生产建设兵团民政局、发展改革委、教育局、财政局、人力资源社会保障局、国土资源局、住房城乡建设局、卫生局：

根据《国务院关于加快发展养老服务业的若干意见》（国发〔2013〕35号）精神，为了充分发挥市场在资源配置中的决定性作用和更好地发挥政府作用，逐步使社会力量成为发展养老服务业的主体，现就鼓励民间资本参与养老服务业发展，提出如下意见。

一、鼓励民间资本参与居家和社区养老服务

鼓励民间资本在城镇社区举办或运营老年人日间照料中心、老年人活动中心等养老服务设施，为有需求的老年人，特别是高龄、空巢、独居、生活困难的老年人，提供集中就餐、托养、助浴、健康、休闲和上门照护等服务，并协助做好老年人信息登记、身体状况评估等工作。符合民办非企业单位登记条件的居家和社区养老服务机构，可以依法登记为民办非企业单位，其他机构依法登记为企业。

通过政府购买服务、协调指导、评估认证等方式，鼓励民间资本举办家政服务企业、居家养老服务专业机构或企业，上门为居家老年人提供助餐、助浴、助洁、助急、助医等定制服务。积极引导有条件的居家养老服务企业实行规模化、网络化、品牌化经营，增加和扩大网点，提高养老服务的可及性。支持社区居家养老服务网点引入社会组织和家政、教育、物业服务等企业，兴办或运营形式多样的养老服务项目。鼓励专业居家养老机构对社区养老服务组织进行业务指导和人员培训。

推进养老服务信息化建设，逐步实现对老年人信息的动态管理。支持民间资本运用互联网、物联网、云计算等技术手段，对接老年人服务需求和各类社会主体服务供给，发展面向养老机构的远程医疗服务，发展老年电子商务，为老年人提供紧急呼叫、家政预约、健康咨询、物品代购、服务缴费等服务项目。有条件的地方，可为居家老年人免费配置“一键通”等电子呼叫设备。

二、鼓励民间资本参与机构养老服务

支持采取股份制、股份合作制、PPP（政府和民间资本合作）等模式建设或发展养老机构。

鼓励社会力量举办规模化、连锁化的养老机构，鼓励养老机构跨区联合、资源共享，发展异地互动养老，推动形成一批具有较强竞争力的养老机构。

支持机关、企事业单位将所属的度假村、培训中心、招待所、疗养院等转型为养老机构，支持民间资本对企业厂房、商业设施及其他可利用的社会资源进行整合和改造，用于养老服务。

鼓励将政府投资举办的养老机构特别是新建机构，在明晰产权的基础上，通过公开招投标，以承包、联营、合资、合作等方式，交由社会力量来运营，实现运行机制市场化。有条件的地方，可稳妥开展把专门面向社会提供经营性服务的公办养老机构转制成为企业或社会组织的试点工作，完善法人治理结构。

鼓励通过政府购买服务的方式，支持民办养老机构接收城乡特困人员或政府承担照料责任的其他老年人。

三、支持民间资本参与养老产业发展

鼓励和引导民间资本拓展适合老年人特点的文化娱乐、教育、体育健身、休闲旅游、健康服务、精神慰藉、法律维权等服务，加强对残障老年人专业化服务。

支持企业开发安全有效的康复辅具、食品药品、服装服饰等老年用品用具和服务产品，引导商场、超市、批发市场设立老年用品专区专柜，鼓励有条件的地区建立老年用品一条街或专业交易市场。鼓励已有电商平台完善服务功能，增加适应老年人消费需求及特点的商品和服务。

鼓励民间资本参与老年公寓和居住区养老服务设施建设以及既有住宅适老化改造。对按照《城市居住区规划设计规范》、《老年人居住建筑设计标准》等建设标准规划建设的适老住区和老年公寓项目中，其配套的符合独立登记条件的养老机构按规定享受相应的扶持政策。

扶持发展龙头企业，特别要发展居家养老服务企业，培育一批带动力强的龙头企业和知名度高的养老服务业品牌，形成一批产业链长、覆盖领域广、经济社会效益显著的产业集群。

引导和规范商业银行、保险公司、证券公司等金融机构开发适合老年人的理财、信贷、保险等产品。

四、推进医养融合发展

支持有条件的养老机构内设医疗机构或与医疗卫生机构签订协议，为老年人提供优质便捷的医疗卫生服务。各级卫生计生行政部门要对养老机构设立医务室、护理站等医疗机构给予大力支持，积极提供便利；按规定进行设置审批和执业登记。

养老机构内设医疗机构符合职工基本医疗保险、城镇居民基本医疗保险和新型农村合作医疗定点医疗机构条件的，要按规定申请纳入定点范围。在定点医疗机构发生的符合规定的医疗康复项目费用，可按规定纳入基本医疗保险支付范围。

扶持和发展护理型养老机构建设。对民间资本投资举办的护理型养老机构，在财政补贴等政策上要予以倾斜。

要将养老机构内设医疗机构及其医护人员纳入卫生计生行政部门统一指导，在资格认定、职称评定、技术准入和推荐评优等方面，与其他医疗机构同等对待。

加强对养老机构中医师、执业护士、管理人员等的培训，强化医养融合发展的人才保障。鼓励医师和执业护士到养老机构、医疗机构中提供服务。

促进医疗卫生资源进入社区和居民家庭，加强居家和社区养老服务设施与基层医疗卫生机构的合作。

五、完善投融资政策

加大对养老服务业发展的财政资金投入。有条件的地区，可设立专项扶持资金。充分利用支持服务业发展的各类财政资金，探索采取建立产业基金、PPP 等模式，支持发展面向大众的社会化养老服务产业，带动社会资本加大投入。通过中央基建投资等现有资金渠道，对社会急需、项目发展前景好的养老项目予以适当扶持。

民政部本级彩票公益金和地方各级政府用于社会福利事业的彩票公益金，要将50%以上的资金用于支持发展养老服务业，并随老年人口的增加逐步提高投入比例。其中，支持民办养老服务发展的资金不得低于30%。

民办非营利性养老机构应当为捐资举办，机构享有对其资产的法人财产权，捐资人（举办者）不拥有对所捐赠财产的所有权。对于举办者没有捐赠而以租赁形式给予组织使用的固定资产，以及以借款方式投入组织运营的流动资金，允许其收取不高于市场公允水平的租金和利息。行业管理部门和登记管理机关应当对其关联交易进行披露并进行必要监管。

民办非营利性养老机构停办后，应当依法进行清算，其剩余资产由民政部门负责统筹，以捐赠形式纳入当地政府养老发展专项基金。原始捐资有增值的，经养老机构决策机构同意并经审计符合规定的，可对捐资人（举办者）给予一次性奖励。

鼓励通过财政贴息、补助投资、风险补偿等方式，支持金融机构加快金融产品和服务方式创新，推进实施健康与养老服务工程。研究以养老服务产业为基础资产的证券化产品，稳步推进金融机构直接或间接投资养老服务业。

拓宽信贷抵押担保物范围，允许民办养老机构利用有偿取得的土地使用权、产权明晰的房产等固定资产办理抵押贷款，不动产登记机构要给予办理抵押登记手续。

六、落实税费优惠政策

对民办养老机构提供的育养服务免征营业税。养老机构在资产重组过程中涉及的不动产、土地使用权转让，不征收增值税和营业税。

进一步落实国家扶持小微企业相关税收优惠政策，对符合条件的小型微利养老服务企业，按照相关规定给予增值税、营业税、所得税优惠。

对家政服务企业由员工制家政服务员提供的老人护理等家政服务，在政策有效期内按规定免征营业税。

对符合条件的民办福利性、非营利性养老机构取得的收入，按规定免征企业所得税。

对民办福利性、非营利性养老机构自用的房产、土地免征房产税、城镇土地使用税。对经批准设立的民办养老院内专门为老年人提供生活照顾的场所免征耕地占用税。

对企事业单位、社会团体以及个人通过公益性社会团体或者县级以上人民政府及其部门，用于《中华人民共和国公益事业捐赠法》规定的公益事业的捐赠，符合相关规定的不超过年度利润总额 12% 的部分，准予扣除。对个人通过非营利性的社会团体和政府部门向福利性、非营利性的民办养老机构的捐赠，在缴纳个人所得税前准予全额扣除。

对民办非营利性养老机构建设免征有关行政事业性收费，对营利性养老机构建设减半征收有关行政事业性收费。

七、加强人才保障

支持职业院校设立养老服务相关专业点，扩大人才培养规模；加快发展养老服务专科本科教育，积极发展养老服务研究生教育，培养老年学、人口与家庭、人口管理、老年医学、中医骨伤、康复、护理、营养、心理和社会工作等方面的专门人才。拓展人才培养渠道，打通技术技能人才的培养发展通道，推进医学专业外其他适宜专业的“3+2”、五年一贯制等中高职一体化人才培养。编制实施《全国老年教育发展规划（2015—2020年）》。充分发挥开放大学作用，开展继续教育和远程教育，进一步提升养老服务从业人员整体素质。

依托职业院校和养老机构等，加强养老护理人员培训，对符合条件参加养老照护职业培训和职业技能鉴定的从业人员，按规定给予补贴。

允许符合条件的医师到民办养老机构医疗机构开展多点执业。鼓励民办养老机构引入社会工作人才。对在民办养老机构就业的专业技术人员执行与公办机构相同的执业资格、注册考核政策。

做好养老护理员工资指导价位发布工作，指导民办养老机构和组织合理确定养老护理员劳动报酬。养老机构和组织应当依法足额缴纳社会保险费，对吸纳就业困难人员就业的养老机构，按规定给予社会保险补贴。就业困难人员以灵活就业方式从事居家养老服务的，可按规定享受灵活就业社会保险补贴。积极改善养老护理员工作条件，加强劳动保护和职业防护。

八、促进民间资本规范有序参与

建立完善政府领导、民政牵头、相关部门参与的工作机制，充分发挥已经建立的各类养老服务议事协调机构的作用，加强政策协调，定期分析问题，共同研究鼓励民间资本参与养老服务业发展的推进举措。

民政部门要切实履行监督管理、行业规范、业务指导职责，及时编制养老服务业发展规划。发展改革部门要将养老服务业纳入经济社会发展规划，支持养老服务体系建设。住房城乡建设部门要制订养老服务设施建设标准，组织编制养老服务设施专项规划，指导养老服务设施有序建设。其他有关部门要各司其职，按照职责分工，做好鼓励民间资本参与养老服务业发展工作。

贯彻落实养老服务业相关政策法规，建立公开、透明、规范的养老服务业准入、退出、监管制度，营造平等参与、公平竞争的市场环境。凡是法律法规没有明令禁入的养老服务领域，都要向民间资本开放。

加快制订和完善养老服务相关标准，建立健全养老服务标准体系，不断提升养老服务的规范化和标准化水平。加强对民间资本进入养老服务业的跟踪监测和服务。

培育和发展养老服务行业协会，发挥其在行业自律、监督评估和沟通协调等方面的作用，推动形成政府、社会组织、养老服务实体三者相结合的管理机制。

九、保障用地需求

民间资本投资养老服务设施所需建设用地，适用国家规定的养老服务设施用地供应和开发利用政策，国土资源管理部门应按照《国土资源部办公厅关于印发〈养老服务设施用地指导意见〉的通知》（国土资厅发〔2014〕11号）相关规定，积极做好用地服务工作。

民政部 发展改革委 教育部 财政部 人力资源社会保障部

国土资源部 住房城乡建设部 卫生计生委 银监会 保监会

2015年2月3日

15. 发展改革委关于规范养老机构服务收费管理促进养老服务业健康发展的指导意见（发改价格〔2015〕129号）

各省、自治区、直辖市发展改革委、物价局、民政厅（局）：

为建立科学合理的养老机构（指依照《养老机构设立许可办法》设立并依法办理登记的为老年人提供集中居住和照料服务的机构）服务收费管理体制，充分调动社会资本进入养老服务领域积极性，改善养老服务供求关系，促进养老服务业健康发展，根据《中华人民共和国老年人权益保障法》、《国务院关于加快发展养老服务业的若干意见》（国发〔2013〕35号）、《国务院关于创新重点领域投融资机制鼓励社会投资的指导意见》（国发〔2014〕60号）等有关规定，现就养老机构服务收费管理等问题，提出如下指导意见：

一、建立市场形成价格为主的养老机构服务收费管理机制

（一）民办养老机构服务收费标准由市场形成。民办营利性养老机构服务收费项目和标准均由经营者自主确定，政府有关部门不得进行不当干预；民办非营利性养老机构服务收费标准由经营者合理确定，政府有关部门可结合对非营利机构监管需要，对财务收支状况、收费项目和调价频次进行必要监督。

（二）政府投资兴办养老机构区分服务对象实行不同收费政策。政府投资兴办的养老机构主要发挥保基本作用，着力保障特殊困难老年人的养老服务需求。其中，“三无”（无劳动能力、无生活来源、无赡养人和扶养

人，或者其赡养人和扶养人确无赡养和扶养能力）老年人入住政府投资兴办的养老机构，根据《中华人民共和国老年人权益保障法》规定实行免费政策；对其他经济困难的孤寡、失独、高龄老年人及失能、半失能老年人等提供养老服务，其床位费、护理费实行政府定价或政府指导价，伙食费等服务收费项目按照非营利原则据实收取。

（三）积极探索公建民营等方式运营的养老机构收费管理模式。以公建民营方式运行的养老机构，应采用招投标、委托运营等竞争性方式确定运营方，具体服务收费标准由运营方依据委托协议等合理确定。鼓励政府通过向民办养老机构购买服务的方式承担保障对象养老服务，相关收费政策由各地根据本地实际情况确定。

二、科学合理制定政府投资兴办养老机构服务收费标准

（四）划清管理权限。制定、调整政府投资兴办的养老机构服务收费标准的权限，由各省、自治区、直辖市价格、民政部门按照事权、财权对等和属地化管理原则确定。各省、自治区、直辖市价格、民政部门要加强本地区养老机构服务收费管理工作的统筹协调和指导。

（五）明确定价原则。制定、调整政府投资兴办的养老机构服务收费标准，应以扣除政府投入、社会捐赠后的实际服务成本为依据，按照非营利原则，并考虑群众承受能力、市场供求状况等因素核定。在推进建立健全养老服务评估制度基础上，逐步实现按照护理服务等级分级定价。

各地价格、民政部门要按照以上要求，对本地区政府投资兴办的养老机构服务收费项目、标准进行统一梳理审核，并向社会公布。

三、进一步规范养老机构服务收费行为

（六）加强收费公示工作。养老机构应将收费项目、收费标准等内容在收费场所显著位置进行公示，建有门户网站的同时在网站进行公示，接受社会监督。公示内容包括养老机构基本设施与条件、服务内容与等级、收费项目与标准等事项。

（七）建立年度财务报表公开制度。政府投资兴办的养老机构和民办非营利养老机构要于每年 3 月底前，向实施许可的民政部门以及同级价格

部门报送本单位上一年度财务收支情况，以及当地民政、价格部门要求的相关报表，由民政部门通过适当形式向社会公布，接受社会监督。各地省级人民政府民政部门要加强本地区财务报表公开工作的督导。

（八）规范养老机构服务收费行为。养老机构床位费、护理费、伙食费原则上按月度收取，伙食费等项目根据服务对象的实际消费情况，据实结算。实行市场定价的收费标准应保证相对稳定，并提前告知服务对象。养老机构事前应与接受服务的老年人或者其代理人签订书面服务合同，确保老年人知情权和选择权，并定期提供费用清单和相关费用结算账目。对合同期内退养的老年人，收费结算按照合同约定执行。养老机构不得违反老年人意愿强制服务，强制收费。

四、切实落实相关收费和价格减免政策

（九）认真落实国家规定的价格和收费优惠政策。所有养老机构用电、用水、用气、用热按居民生活类价格执行。政府及相关部门要严格按照国家统一规定，对非营利性养老机构建设免征有关行政事业性收费，对营利性养老机构建设要减半征收有关行政事业性收费，对养老机构提供养老服务也要适当减免行政事业性收费。鼓励各地根据本地区情况，减免本地区设立的相关行政事业性收费项目，降低养老机构有线电视收视维护费等相关服务收费标准。

五、加快推进完善相关配套政策措施

（十）强化行业规范化管理。各地民政部门要抓紧制定养老服务行业管理和服务规范，规范护理服务内容和服务等级标准。各地民政部门要利用国家养老服务信息系统，对养老机构数量、收住老年人数量、收费标准等信息实行信息化管理。推动将养老机构服务质量、信誉状况等情况纳入信用体系建设。

发展改革委 民政部

2015 年 1 月 19 日

16. 民政部 发展改革委等 11 部门《关于支持整合改造闲置社会资源发展养老服务的通知》（民发〔2016〕179 号）

各省、自治区、直辖市民政厅（局）、发展改革委、教育厅（教委、局）、财政厅（局）、国土资源厅（国土局、国土房管局）、环境保护厅（局）、住房城乡建设厅（建委、建交委、规划委、市政管委）、卫生计生委、国资委、国家税务局、地方税务局、机关事务管理局，新疆生产建设兵团民政局、发展改革委、教育局、公安局、财务局、国土资源局、建设局（环保局）、卫生局、人口计生委、国资委、机关事务管理局：

为促进居民消费扩大和升级，带动产业结构调整升级，加快培育发展新动力，增强经济韧性，按照国务院有关部署，现就支持整合改造闲置社会资源发展养老服务通知如下：

一、指导思想

贯彻落实《国务院关于加快发展养老服务业的若干意见》（国发〔2013〕35号）、《国务院关于积极发挥新消费引领作用加快培育形成新供给新动力的指导意见》（国发〔2015〕66号）、发展改革委等24部门《关于印发促进消费带动转型升级行动方案的通知》（发改综合〔2016〕832号）、《养老服务设施用地指导意见》（国土资厅发〔2014〕11号）精神，紧密结合养老服务业发展实际，通过整合改造闲置社会资源，有效增加供给总量，推动养老服务业发展提质升级，满足社会日益增长的养老服务需求。

二、工作目标

充分挖掘闲置社会资源，引导社会力量参与，将城镇中废弃的厂房、医院等，事业单位改制后腾出的办公用房，乡镇区划调整后的办公楼，以及转型中的党政机关和国有企事业单位举办的培训中心、疗养院及其他具有教育培训或疗养休养功能的各类机构等，经过一定的程序，整合改造成养老机构、社区居家养老设施用房等养老服务设施，增加服务供给，提高老年人就近就便获得养老服务的可及性，为全面建成以居家为基础、社区为依托、机构为补充、医养结合的多层次养老服务体系目标提供物质保障。

三、主要措施

各地要根据经济社会发展水平、人口老龄化发展趋势、老年人口分布和养老服务需求状况，统筹整合改造闲置社会资源，发展养老服务。

（一）在各级人民政府的统一领导下，联合开展城乡现有闲置社会资源的调查、整理和信息收集工作，防范人居环境风险，摸清底数和相关环境信息，建立台账。有条件的地方，经主管部门、产权单位（个人）同意后，可由政府购置、置换、租赁、收回，整合改造成养老服务设施，由政府直接运营或以招投标方式提供给社会力量运营。鼓励社会力量通过股份制、股份合作制、PPP 等模式整合改造闲置社会资源发展养老服务。

（二）鼓励盘活存量用地用于养老服务设施建设。养老服务设施用地符合《划拨用地目录》的，可采取划拨方式供地；不符合《划拨用地目录》的，应依法实行出让、租赁等有偿使用方式；同一宗地有两个以上意向用地者的，应采取招标拍卖方式公开出让。

（三）改造利用现有闲置厂房、社区用房等兴办养老服务设施，符合《划拨用地目录》且连续经营一年以上的，五年内可不增收土地年租金或土地收益差价，土地使用性质也可暂不作变更。在符合规划的前提下，已建成的住宅小区内增加养老服务设施建筑面积的，可不增收土地价款。

（四）城市经济型酒店等非民用房转型成养老服务设施的，报民政、住房城乡建设、国土资源、规划等部门备案。五年内可暂不办理土地和房产功能变更手续，满五年后继续用于养老服务设施的，可由产权人按有关规定办理使用功能变更手续。

（五）农村集体经济组织可依法盘活本集体建设用地存量，为本集体经济组织内部成员兴办非营利性养老服务设施；民间资本举办的非营利性养老机构可以依法使用农民集体建设用地。鼓励村三产留地优先用于发展养老服务。

（六）鼓励党政机关和国有企事业单位举办的培训中心、疗养院及其他具有教育培训或疗养休养功能的各类机构，在具备条件的情况下，通过规范方式转向养老服务业。可探索采用政府和社会资本合作（PPP）等方式组建社会化养老服务企业或非营利性机构。支持各地利用现有培训疗养服务设施场地，以多种方式提供养老服务。

（七）各地要进一步深化“放管服”改革，加大简政放权力度，对整合改造闲置社会资源举办养老服务设施的，尽量简化审批手续、缩短审批时限、提供便利服务。各级人民政府有关部门应建立联审等机制，加快养老服务设施事项的办理。

（八）建立统一开放的市场环境，不得滥用行政权力，以设定歧视性资质要求、评审标准或者不依法发布信息等方式，排斥或者限制区域外社会力量参与本地养老服务相关招投标活动。

（九）凡通过整合改造闲置社会资源建成的养老服务设施，符合相关政策条件的，均可依照有关规定享受养老服务建设补贴、运营补贴等资金支持和税费减免、水电气热费用优惠等政策扶持。

四、组织保障

各地要建立健全整合改造闲置社会资源发展养老服务的工作机制，加强沟通，密切合作，及时研究解决工作中遇到的重大问题。暂时不具备条件的省（区、市）可确定部分地区开展先期试点，积累经验，条件已具备的省（区、市）可全面推行。加强对整合改造闲置社会资源发展养老服务的协调指导和监督检查，确保各项工作顺利推进。

民政部 发展改革委 教育部
财政部 国土资源部 环境保护部
住房城乡建设部 国家卫生计生委
国资委 税务总局 国管局
2016 年 10 月 9 日

第二部分：通用篇

TONGYONG PIAN

第六章　会计基本概念

引言：

会计是通过完整记录运维过程中的各项工作、各种事项，编制养老机构财务报表，反映养老机构的财务状况、运维成果及现金流量。

合理地组织会计核算形式是做好会计工作的一个重要条件，对于保证会计工作质量，提高会计工作效率，正确、及时地编制会计报表，满足相关会计信息使用者的需求具有重要意义。

我国现有多数养老机构的性质为民间非营利性组织单位，须按照《民间非营利组织会计制度》及《〈民间非营利组织会计制度〉若干问题的解释》的规定开展会计核算。本章内容分别介绍了养老机构常用的49个会计基本概念，旨在养老机构能够方便快捷掌握要点，达到正确核算的目的。

1. 会计制度

会计制度是根据《中华人民共和国会计法》和我国其他有关法律、法规及会计准则制定的规范，是各类会计主体进行会计工作所应遵循的规则、方法、程序的总称，目前我国现有多数养老机构的性质为民间非营利性组织单位，须按照《民间非营利组织会计制度》及《〈民间非营利组织会计制度〉若干问题的解释》的规定开展会计核算。

通解：使用会计制度的正确性直接影响到养老机构财务数据的信息质量。实践中，有相当一部分养老机构将基础会计事项委托给代理记账公司、会计师事务所或兼职会计人员，这不失为一种折中过渡的有效方法。但是，大多数中介机构没有专门的社会组织记账部门，记账会计也不熟悉或不了解《民间非营利组织会计制度》，用错会计制度，从而导致账务处理有误。因此，要求被委托方按照《民间非营利组织会计制度》开展会计核算是养老机构聘请中介机构代理记账最基础、最核心的要求。

2. 本位币业务

民间非营利组织的本位币业务是指以记账本位币作为计量单位发生的款项收付、往来结算等业务。

通解：本位币是一个国家的法定货币，我国的法定货币是人民币。记账本位币是会计主体在会计核算中统一使用的记账货币，一个会计主体只能以一种货币作为记账本位币。记账本位币一经选定，不得随意变更。我国会计法第十二条规定："会计核算以人民币为记账本位币。业务收支以人民币以外的货币为主的单位，可以选定其中一种货币作为记账本位币，但是编报的财务会计报告应当折算为人民币。"

3. 外币业务

民间非营利组织的外币业务是指以记账本位币以外的货币进行的款项收付、往来结算等业务。

通解：养老机构可以依据重要性、成本效益原则针对频繁发生的外币大额业务采用复币记账方式开展业务核算，在保留外币交易金额的同时按照发生外币业务当日的即期汇率或当月期初汇率作为近似汇率进行折算核算。会计期末，还应将财务报表中所有外币货币性项目的外币金额统一按期末汇率折算为记账本位币金额进行报表编报。因外币交易业务初始确认时使用的汇率与期末汇率不同而形成的折算差额计入当期损益。

4. 非货币性交易

民间非营利组织非货币性交易是指交易双方以非货币性资产进行的交换，这种交换不涉及或只涉及少量的货币性资产（即补价）。其中，货币性资产是指持有的现金及将以固定或可确定金额的货币收取的资产；非货币性资产是指货币性资产以外的资产。

通解：货币性资产包括库存现金、银行存款、其他货币资金、应收账款、应收票据和准备持有至到期的债券投资等；非货币性资产包括存货、固定资产、无形资产、股权投资以及不准备持有至到期的债券投资等。非货币性交易可以理解为传统意义上的“易货贸易”“交换股权”等，即交易双方的主要标的皆为非货币性资产。只有当补价的货币性资产价值不高于整体交易价值的25%时，该项交易才能被认定为非货币性交易。

5. 账面余额

账面余额是指资产的入账价值。

通解：对于资产来说，在一般情况下资产的账面余额就是资产的购入价格。比如，对于固定资产来说，企业购入固定资产的原值，就是固定资产的账面余额。

6. 账面净值

账面净值是指资产原值减去折旧或摊销后的净额。

通解：账面净值通常是指固定资产和无形资产原值减去折旧或摊销后的净值。其实账面净值只是考虑了折旧和摊销的问题，而没有考虑减值的问题。对于资产来说，折旧或摊销肯定是必然发生的，而减值属于特殊情况。

7. 账面价值

账面价值是指资产可以变现的价值。

通解：账面价值就是资产的账面余额减去折旧或摊销，再减去资产减值后的余额。对于资产来说，账面价值就是资产现在的价值。对于固定资产来说，它的账面价值就是现在出售的市场价格。

8. 或有事项

或有事项是指民间非营利组织过去的交易或者事项形成的一种状况，

其结果须通过未来不确定事项的发生或不发生予以证实。

通解："或有"代表着可能"有"、也可能意味着"没有"，表示事项达成条件的因素和结果尚不能完全确定。具体来讲，一是或有事项是否发生具有不确定性；二是或有事项确定发生，但其具体发生的时间或交易金额具有不确定性。

9. 交易的公允价值

公允价值是指在公平交易中，熟悉情况的交易双方，自愿进行资产交换或者债务清偿的金额。

通解：根据《民间非营利组织会计制度》第十七条的规定，交易公允价值的确定顺序如下：（1）如果同类或者类似资产存在活跃市场的，应当按照同类或者类似资产的市场价格确定公允价值；（2）如果同类或类似资产不存在活跃市场，或者无法找到同类或者类似资产的，应当采用合理的计价方法确定资产的公允价值。

10. 资产

民间非营利组织的资产是指过去的交易或者事项形成并由民间非营利组织拥有或者控制的资源，该资源预期会给民间非营利组织带来经济利益或者服务潜力。

通解："资产"简单来说就是民间非营利组织依法拥有或者控制的"可支配、可计价、可流通、可变现"的财产。"过去的交易或者事项"包括购买、研究行为或者其他交易、服务行为；只有过去的交易或者事项才可能导致资产增加，预期在未来发生的交易或者事项不会导致资产增加。资产按照不同的性质可以划分为流动资产、长期投资、固定资产、无形资产和其他资产。

11. 货币资金

货币资金是指民间非营利组织拥有的、以货币形式存在的资产，包括现金、银行存款和其他货币资金。其他货币资金包括外埠存款、银行汇票存款、银行本票存款、信用证保证金存款、信用卡存款、存出投资款等。资产负债表中流动资产下的货币资金项目金额，应根据库存现金、银行存款和其他货币资金三个总账账户的期末余额合计数填列。

通解：货币资金能够准确表现出养老机构的购买能力、支付水平和偿债能力。养老机构应当保持一定数量的货币资金，用于发放工资、缴纳税金、支付利息和项目活动劳务及日常开支。不管何种类型的货币资金皆具备可以立即投入流通的特征，养老机构可以随时使用货币资金进行商品交易、支付劳务和偿还债务。

12. 短期投资

短期投资是指民间非营利组织能够随时变现并且持有时间不准备超过一年（含一年）的投资，包括股票、债券投资等。

通解：短期投资是指养老机构利用闲置资金购入的能随时变现、持有时间不超过一年的各种有价证券，以及不超过一年的其他投资。有价证券包括各种股票和政府发行的各种债券。

13. 应收账款

应收账款是指在民间非营利组织日常运营过程中，因提供服务业务，应向购买或委托方收取的款项，包括应由委托单位或购买服务单位负担的税金、代购买方垫付的各种运杂费等。

通解：应收账款是养老机构在开展业务过程中，已提供服务但没有收到款项的事项。养老机构应当及时收回应收账款，以保证资金的流动性；对预计可能产生的坏账损失的应收账款，应计提坏账准备；对于确实无法收回的应收账款，如果符合坏账条件的，应在确认后做坏账损失处理。

14. 应收股利

应收股利是指民间非营利组织因为进行对外股权投资而发生的应收取

的现金股利及应收其他单位的利润。应收股利包括养老机构购入股票实际支付的款项中所包括的已宣告发放但尚未领取的现金股利和因对外投资应分得的现金股利或利润等，但不包括应收的股票股利。

通解：应收股利是养老机构因对外进行股权投资，而产生的应收但未收的合法收益，即养老机构取得其他单位股东或长期债权人身份而应当获得的财产权益，通常要依据约定执行。

15. 应收利息

应收利息是指民间非营利组织短期债券投资实际支付的价款中，包含的已到付息期但尚未领取的债券利息和分期付息到期还本的债券在持有期间产生的利息。购入短期债券投资时含有的应收利息不计入投资初始投资成本中。

通解：应收利息是养老机构进行短期债券投资产生的孳息收入，主要包括两种情形：一是购入的分期付息到期还本的债券后，在会计结算日按规定所计提的应收利息；二是购入债券时实际支付款项中所包含的已到期而尚未领取的债券利息。

16. 其他应收款

其他应收款是指民间非营利组织除应收票据、应收账款、预付账款、应收股利、应收利息以外的其他各种应收及暂付款项，主要包括应收的各种赔款、罚款、零星备用金，如养老机构财产遭受意外损失而向有关保险公司收取的赔款等。

通解：其他应收款是指养老机构应得但未得的业务活动以外的待结算款项，主要包括：（1）应收的各种赔款、违约罚款；（2）应向职工收取的各种垫付款项；（3）其他各种应收、暂付款项；（4）备用金；（5）预付账款转入。

17. 预付账款

预付账款是指民间非营利组织预付给商品供应单位或者服务提供单位

的款项。

通解：预付账款是养老机构在采购商品、货物、服务过程中，按照书面合同或口头协议约定，预先用货币支付给供货单位的款项。对于养老机构来讲，预付账款是流动资产，是因对方单位未交付货物或未提供服务而产生的一种债权。

18. 存货

存货是指民间非营利组织在日常业务活动过程中持有以备出售或捐赠的，或者为了出售或捐赠仍处在生产过程中的，或者将在生产、提供服务或日常管理过程中耗用的材料、物资、商品等。

通解：存货是为保障业务、服务、管理运行而储备的原材料、包装物和低值易耗品等。按照存货的存放地点可分为库存存货、在途存货、加工中存货。

19. 待摊费用

待摊费用是指民间非营利组织已经支出，但应当由本期和以后各期分别负担的、分摊期在一年以内（含一年）的各项费用，如预付保险费、预付租金等。但需要注意的是，待摊费用属于资产性质。

通解：民间非营利组织的待摊费用是指已经支出，但应由本期及一年内其他各期共同负担的费用，如一次支出数额较大的保险费、预付租入固定资产的租金等。

20. 固定资产

固定资产是指同时具有以下特征的有形资产：

（1）为行政管理、提供服务、生产商品或者出租目的而持有的；

（2）预计使用年限超过 1 年；

（3）单位价值较高。

通解：固定资产在取得时，应当按取得时的实际成本入账。取得时的实际成本包括买价、包装费、运输费、交纳的有关税金等相关费用，以及为使固定资产达到预定可使用状态前所必要的支出。

21. 无形资产

无形资产是指民间非营利组织为开展业务活动而持有的、没有实物形态的非货币性长期资产，包括专利权、非专利技术、商标权、著作权、土地使用权等。

通解：无形资产是相对于有形固定资产而言的。无形资产摊销是指将无形资产原价自取得当月起在预计使用年限内分期平均分摊计入当期成本或费用的核算方法。无形资产的摊销有别于固定资产的折旧，是直接计入成本或费用，不是采用备抵法。

22. 资产减值准备

资产减值准备是指由于民间非营利组织资产市价持续下跌，或因为质量、技术性能、损坏、长期闲置等原因导致资产可收回金额低于账面价值的情况，应当将可收回金额低于其账面价值的差额作为减值准备金额。

通解：根据《民间非营利组织会计制度》第十五条规定，民间非营利组织应当定期或者至少于每年年度终了，对短期投资、应收款项、存货、长期投资等资产是否发生了减值进行检查，如果这些资产发生了减值，应当计提减值准备，确认减值损失，并计入当期费用。如果已计提减值准备的资产价值在以后会计期间得以恢复，则应当在该资产已计提减值准备的范围内部分或全部转回已确认的减值损失，冲减当期费用。特别注意，长期投资、固定资产、无形资产的资产减值损失一经确认，在以后会计期间不得转回。民间非营利组织应当在“管理费用”科目下设置“资产减值损失”明细科目，核算因提取资产减值准备而确认的资产减值损失。

23. 受托代理资产

受托代理资产是指民间非营利组织接受委托方委托从事受托代理业务

而收到的资产。

通解：《民间非营利组织会计制度》第四十八条规定的“受托代理业务”是指有明确的转赠或者转交协议，或者虽然无协议但同时满足以下条件的业务：（1）民间非营利组织在取得资产的同时即产生了向具体受益人转赠或转交资产的现时义务，不会导致自身净资产的增加。（2）民间非营利组织仅起到中介而非主导发起作用，帮助委托人将资产转赠或转交给指定的受益人，并且没有权利改变受益人，也没有权利改变资产的用途。（3）委托人已明确指出了具体受益人个人的姓名或受益单位的名称，包括从民间非营利组织提供的名单中指定一个或若干个受益人。民间非营利组织应设置“受托代理资产”科目核算从事委托代理业务而收到的资产，同时设置与之相对应的“受托代理负债”科目核算从事委托代理业务而形成的负债。

24. 负债

负债是指民间非营利组织过去的交易或者事项形成的现时义务，履行该义务预期会导致含有经济利益或者服务潜力的资源流出养老机构。负债应当按其流动性分为流动负债、长期负债，同时还包含受托代理负债等。

通解：负债可以说是养老机构依据法律法规或合同约定，所须承担的应付义务，这种义务的履行将会导致现金、资产等财产权益流出养老机构。确认一项负债，除符合负债定义外，还应当同时满足两个条件：（1）与该现时义务有关的财产权益很可能流出；（2）未来流出的财产权益的价值金额能够可靠地计量。

25. 流动负债

流动负债是指民间非营利组织将在一年内（含一年）偿还的负债，包括短期借款、应付款项、应付工资、应交税金、预收账款、预提费用和预计负债等。

通解：流动负债与流动资产相结合，通常能够反映出养老机构的短期偿债能力。流动负债可以进行如下分类：（1）因业务活动形成的流动负债，如应付账款、应付票据、预收账款、应付工资、应付福利费、应交税金等；（2）因经营管理需要合理估计的负债，如预提费用等；（3）根据未来情况方能确认的或有负债，如未决诉讼等。

26. 短期借款

短期借款是指民间非营利组织向银行或其他金融机构等借入的期限在一年以下（含一年）的各种借款。

通解：短期借款是养老机构为维持正常的生产运营、满足短期资金使用需求而向银行或其他金融机构借入的还款期限在一年以下（含一年）的各种借款。短期借款主要包括经营周转借款、临时借款、结算借款、票据贴现借款等类型。

27. 应付账款

应付账款通常是指民间非营利组织因购买材料商品或接受服务等而发生的债务。应付账款是交易双方在购销活动中由于取得货物、获得服务与支付结算款在时间上不一致而产生的负债。

通解：应付账款的内涵与应收账款相对应。通常是养老机构开展业务活动过程中，按照采购或服务合同约定，已经满足付款条件即将支付而尚未支付的款项。某种程度上，应付账款反映了养老机构短期占用其他组织资金的情况。养老机构需要关注应付账款的期限，及时完成款项结算，应在不影响单位赊购信用的前提下合理使用应付账款形成的财务杠杆。

28. 其他应付款

其他应付款是指与民间非营利组织主营业务没有直接关系的应付、暂收其他单位或个人的款项。

通解：其他应付款是指养老机构除应付票据、应付账款、应付工资、应付利润等经营业务资金占用以外的应付、暂收其他单位或个人的款项。

如应付租入固定资产的租金及个人借款。

29. 应付工资

应付工资是指民间非营利组织应付未付的员工工资。

通解：应付工资是养老机构对单位员工个人的一种负债，应根据按劳取酬的原则，按照劳动合同和薪资管理制度的约定，对当期（本月）员工付出的知识、技能、时间、精力及取得成果给予的报酬和奖励，并承担单位负担的社会保险及住房公积金。应付工资应采用先提取后支付的方式，在养老机构支付给员工工资、社保以后，本科目应无余额。

30. 应交税金

应交税金是指民间非营利组织根据税法规定，应交未交的各种税费。

通解：养老机构在一定周期内，取得业务收入，应按照权责发生制的原则，将税法规定的应当向税务机关缴纳的各种税金进行预提处理。这些应交税金在尚未缴纳之前应反映在养老机构的账户上，处于“应交未交”的状态，属于负债的一种。

31. 预收账款

预收账款是指民间非营利组织向服务和商品购买单位预先收取的各种款项。

通解：预收账款是养老机构在为老年人办理入住手续的过程中，需要根据老年人及其代理人所选择的住宿条件、照料护理等级及服务项目预先收取的当月或当季度养老服务总费用。养老服务总费用通常包括每月的床位费、日常起居服务费、膳食费、其他服务费用。

32. 预提费用

预提费用是指民间非营利组织预先提取的已经发生但尚未支付的费用，如预提的租金、保险费等。

通解：预提费用是按照合同约定，确定在未来支出的各项费用，需要在成本费用中预先列支，付款期限在一年以内的流动负债。预提费用的特点是按照受益原则计提。

33. 长期负债

长期负债是指偿还期限在一年以上（不含一年）的负债，包括长期借款、长期应付款和其他长期负债。

通解：长期负债与流动负债相比，具有金额大、偿还期限长的特点。因此，养老机构一方面长期负债的成本是较高的；另一方面通常还需要提供其他形式的偿还保证。

34. 长期借款

长期借款是指民间非营利组织向银行或其他金融机构等借入的期限在一年以上（不含一年）的各种借款。

通解：长期借款是养老机构从银行取得的贷款或向金融机构借入的款项。长期借款具有申请条件高、财务风险大、使用限制多的特点。长期借款可以按照有无担保、借款币种、偿款方式、用途进行分类。

35. 长期应付款

长期应付款主要是指民间非营利组织融资租入固定资产发生的应付租赁款。

通解：长期应付款是在较长时间内应付的款项，主要是指养老机构融资租入固定资产而产生的长期应付租赁费用。融资租入固定资产本质上是一种分期付款购入固定资产的方式，使用资产的单位不需要预先支付或只需要分期支付货币资金就可以取得所需固定资产。

36. 受托代理负债

受托代理负债是指民间非营利组织因从事受托代理业务、接受受托代理资产而产生的负债。受托代理负债应当按照相对应的受托代理资产的金额予以确认和计量。

通解：受托代理负债与受托代理资产对应同时使用，同时存在同时消失，不存在单独存在的情形。

37. 净资产

民间非营利组织的净资产是指资产减去负债后的余额。净资产应当按照其是否受到限制，分为限定性净资产和非限定性净资产等。

通解：净资产体现了养老机构以全部资产扣除负债总额后的剩余数额，一般应大于养老机构注册时的开办资金。净资产主要由两部分组成，一部分是养老机构举办者出资形成的开办资金；另一部分是在业务服务中形成的、接受捐赠取得的结余。

38. 非限定性净资产

除限定性净资产以外的其他净资产，即为非限定性净资产。

通解：非限定性净资产是相对于限定性净资产而言的。非限定净资产主要来源于养老机构提供服务、销售商品、完成政府购买项目，以及收到的非限定性捐赠和进行对外投资收到的股利或利息。一般等于上述收入扣除相应发生的业务活动成本及期间费用而产生的净增加额。

39. 限定性净资产

《民间非营利组织会计制度》第五十六条规定的限定性净资产中所称的“限制”，是指由民间非营利组织之外的资产提供者或者国家有关法律、行政法规所设置的。该限制只有在比民间非营利组织的宗旨、目的或章程等关于资产使用的要求更为具体明确时，才能成为《民间非营利组织会计制度》所称的“限制”。

通解：依据资产提供者的要求或者国家有关法律行政法规的规定，资产及其收益的使用权受到时间、用途的限制。其中，时间限制意味着资产只能在特定时间内或特定日期后方可使用；用途限制意味着资产的用途特定，只能用于特定目的。

40. 收入

收入是指民间非营利组织开展业务活动取得的、导致本期净资产增加的经济利益或者服务潜力的流入。

通解：收入应当按照其来源分为捐赠收入、提供服务收入、商品销售收入、政府补助收入、投资收益、总部拨款收入和其他收入。

41. 捐赠收入

捐赠收入是指民间非营利组织接受其他单位或者个人捐赠所取得的收入。

通解："捐赠"某种程度上相当于"赠予"。也就是不用通过对价交易，只是根据捐赠方的意愿而产生的交易。捐赠人必须对其所捐赠的财产具有合法的处置权。在捐赠事项中，捐赠人可以无条件捐赠，也可以指定日期或用途进行附加条件捐赠。通常捐赠人与受赠人就捐赠财产的种类、质量、数量和用途等内容达成一致意见，并签订书面捐赠协议。

42. 提供服务收入

提供服务收入是指民间非营利组织根据章程等的规定向其服务对象提供服务取得的收入，包括服务费收入、医疗费收入等。

通解：养老机构应当按月在当期履约完成服务活动后，月末从预收服务费中确认本期实现的提供服务收入额。包括居住费收入、护理费收入、膳食费收入。

43. 商品销售收入

商品销售收入是指民间非营利组织销售商品所形成的收入。

通解：养老机构为了方便入住老人的生活和个性化需要，一般会开设小规模的商品超市，提供常规生活用品等商品的销售服务。提供的销售商品形成的收入即为商品销售收入。

44. 政府补助收入

政府补助收入是指民间非营利组织接受政府拨款或者政府机构给予的补助而取得的收入。

通解：养老机构收到运营资助补贴款时属于政府补助收入，应区别于政府购买服务收入。

45. 投资收益

投资收益是指民间非营利组织因对外投资取得的投资净损益。

通解：投资收益是指养老机构对外投资所取得的股利收入、债券利息收入以及与其他单位联营取得的投资收益。

46. 总部拨款收入

执行《民间非营利组织会计制度》的境外非政府组织代表机构应当增设“总部拨款收入”科目，核算从其总部取得的拨款收入。

通解：境外非政府组织代表机构应当在业务活动表收入部分“投资收益”项目与“其他收入”项目之间增加“总部拨款收入”项目。本项目应当根据“总部拨款收入”科目的本期发生额填列。

47. 其他收入

其他收入是指民间非营利组织除上述主要业务活动收入以外的其他收入，如固定资产处置净收入、无形资产处置净收入、个人所得税返还收入、利息收入等。

通解：其他收入是养老机构取得的除捐赠收入、提供服务收入、政府补助收入、商品销售收入、投资收益之外的收入。除资产处置净收入和无形资产处置净收入外，还应当包括偶发性的收入，如确实无法偿付的应付款项、已作坏账损失处理后又收回的应收款项、违约金收入、废品处置净收入等。

48. 费用

费用是指民间非营利组织为开展业务活动所发生的、导致本期净资产减少的经济利益或者服务潜力的流出。

通解：养老机构的费用应当按照其功能分为业务活动成本、管理费用、筹资费用和其他费用等。

49. 财务会计报告

财务会计报告由会计报表、会计报表附注和财务情况说明书组成。民间非营利组织对外提供的财务会计报告的内容、会计报表的种类和格式、会计报表附注应予披露的主要内容等，由本制度规定；民间非营利组织内部管理需要的会计报表由单位自行规定。

通解：民间非营利组织在编制中期财务会计报告时，应当采用与年度会计报表相一致的确认与计量原则。中期财务会计报告的内容相对于年度财务会计报告而言可以适当简化，但是，它仍然应当保证包括了与理解中期期末财务状况和中期业务活动情况及其现金流量相关的重要财务信息。

第七章　看懂财务报表

引言：

根据《民间非营利组织会计制度》及《〈民间非营利组织会计制度〉若干问题的解释》规定，民间非营利组织提交或披露的财务会计报告应由财务报表、财务报表附注和财务情况说明书组成。其中财务报表至少应当包括资产负债表、业务活动表和现金流量表，看懂这三张报表对于养老机构的负责人是非常重要的。

1. 财务会计报告中的“三张表”

通解：养老机构的“三张表”包括《资产负债表》《业务活动表》《现金流量表》。

2. 资产负债表的作用

通解：资产负债表，全面反映养老机构在某一特定日期（通常为各会计期末）的财务状况，包括资产、负债和净资产的结构及其数据。资产负债表利用会计平衡原理，将资产、负债、净资产科目分为“资产”和“负债和净资产”分别列示。资产负债表可以让养老机构负责人在最短时间内了解机构的财务状况。

3. 资产负债表的主要内容

通解：资产负债表是反映养老机构在某一特定时点（如月末、季末、年末）现有全部资产、负债和净资产情况的静态报表，平衡公式为“资产=负债+净资产”。

示例：

资产负债表

单位：元

资产	年初数	期末数	负债和净资产	年初数	期末数
流动资产：	—	—	流动负债：	—	—
货币资金			短期借款		
短期投资			应付款项		
应收款项			应付工资		
预付账款			应交税金		
存货			预收账款		
待摊费用			预提费用		
一年内到期的长期债权投资			预计负债		
其他流动资产			一年内到期的长期负债		
流动资产合计	—	—	其他流动负债		
			流动负债合计	—	—
长期投资：	—	—			
长期股权投资			长期负债：	—	—
长期债权投资			长期借款		
长期投资合计	—	—	长期应付款		
			其他长期负债		
固定资产：	—	—	长期负债合计	—	—
固定资产原价					
减：累计折旧			受托代理负债：	—	—
固定资产净值	—	—	受托代理负债		
在建工程					
文物文化资产			负债合计	—	—
固定资产清理					
固定资产合计	—	—			

续表

资产	年初数	期末数	负债和净资产	年初数	期末数
无形资产：	—	—			
无形资产			净资产：	—	—
			非限定性净资产		
受托代理资产：	—	—	限定性净资产		
受托代理资产			净资产合计	—	—
资产总计	—	—	负债和净资产总计	—	—

4. 资产负债表的核心数据含义

通解：

（1）资产负债表是一张平衡报表，“资产总计” = “负债和净资产总计”；

（2）资产负债表是一张比较报表，通过每个科目的期初数与期末数的比较，可以看出资产负债的增减趋势和变动金额；

（3）资产负债表是一张分类报表，可以分类反映资产或负债及净资产的构成、增减变动情况。

5. 业务活动表的作用

通解：业务活动表，全面反映养老机构在某一特定期间（通常为月度、季度、年度）的经营成果。业务活动表反映养老机构的业务活动收入情况、成本费用情况。业务活动表可以让养老机构负责人在最短时间内了解机构的经营成果。

6. 业务活动表的主要内容

通解：业务活动表反映养老机构在月度、季度、年度业务活动成果的财务报表，具体表现为净资产的变动。

示例：

业务活动表

单位：元

项目	上年累计数			本年累计数		
	非限定性	限定性	合计	非限定性	限定性	合计
一、收入	—	—	—	—	—	—
其中：捐赠收入			—			—
会费收入			—			—
提供服务收入			—			—
商品销售收入			—			—
政府补助收入			—			—
投资收益			—			—
其他收入			—			—
收入合计						
二、费用	—	—	—	—	—	—
（一）业务活动成本			—			—
其中：人员费用			—			—
日常费用			—			—
固定资产折旧						
税费			—			—
（二）管理费用			—			—
（三）筹资费用			—			—
（四）其他费用			—			—
费用合计						
三、限定性净资产转为非限定性净资产			—			—
四、净资产变动额（若为净资产减少额，以“—”号填列）	—	—	—	—	—	—

7. 业务活动表的核心数据含义

通解：业务活动表分项列主要反映养老机构当期因提供服务、商品销售、政府补助和对外投资、捐赠等取得的各种收入及与其相对应的业务活动成本及三项费用。编制该报表是为了反映养老机构在特定期间进行的业务活动。收入一般区分为“限定性收入”和“非限定性收入”；费用不区分限定性和非限定性，全部为非限定性。

通过业务活动表数据结构分析，可以掌握一定会计期间养老机构的收入情况，包括捐赠收入、提供服务收入、商品销售收入、政府补助收入、总部拨款收入、投资收益、其他收入；可以了解业务活动成本、管理费用、筹资费用和其他费用的情况。

8. 现金流量表的作用

通解：现金流量表是反映养老机构在一定会计期间（月度、季度、年度）经营活动、投资活动和筹资活动导致现金及现金等价物增减变动情况的报表。划分为业务活动产生的现金净流量、投资活动产生的现金净流量、筹资活动产生的现金净流量及汇率变动对现金的影响。

9. 现金流量表的主要内容

通解：现金流量表反映养老机构业务活动、投资活动、筹资活动导致的现金流入、流出情况；可以评价养老机构取得业务收入、一定期间现金流量情况。

示例：

现金流量表

编制单位：年度　　　　单位：元

项　　目	行次	金额
一、业务活动产生的现金流量：		
接受捐赠收到的现金	1	

续表

项　　目	行次	金额
收取会费收到的现金	2	
提供服务收到的现金	3	
销售商品收到的现金	4	
政府补助收到的现金	5	
收到的其他与业务活动有关的现金	8	
现金流入小计	13	—
提供捐赠或者资助支付的现金	14	
支付给员工以及为员工支付的现金	15	
购买商品、接受服务支付的现金	16	
支付其他与业务活动有关的现金	19	
现金流出小计	23	—
业务活动产生的现金流量净量	24	—
二、投资活动产生的现金流量：		
收回投资所收到的现金	25	
取得投资收益所收到的现金	26	
处置固定资产和无形资产所收回的现金	27	
收到的其他与投资活动有关的现金	30	
现金流入小计	34	—
购建固定资产和无形资产所支付的现金	35	
对外投资所支付的现金	36	
支付的其他与投资活动有关的现金	39	
现金流出小计	43	—
投资活动产生的现金流量净额	44	—
三、筹资活动产生的现金流量：		
借款所收到的现金	45	
收到的其他与筹资活动有关的现金	48	
现金流入小计	50	—
偿还借款所支付的现金	51	

续表

项　　目	行次	金额
偿付利息所支付的现金	52	
支付的其他与筹资活动有关的现金	55	
现金流出小计	58	—
筹资活动产生的现金流量净额	59	—
四、汇率变动对现金的影响额	60	
五、现金及现金等价物净增加额	61	—

单位负责人：　　主管会计工作负责人：　　会计机构负责人（会计主管人员）：

10. 现金流量表的核心数据含义

通解：通过现金流量表的数据可以了解养老机构的现金从哪里来、到哪里去，结合资产负债表和业务活动表对养老机构的财务状况和经营成果进行更加全面的了解。

通过对现金流量表的梳理、分析，能够反映养老机构财务状况变动的成因、后果及趋势，可作为养老机构开展业务活动决策之用。

第八章　读懂年审报告

引言：

年度审计报告是注册会计师对养老机构财务报表的合法性、公允性发表审计意见。审计报告的类型分为无保留意见、非无保留意见。养老机构如果获得的审计报告是非无保留意见可能会影响到年检结果，严重时可能会导致年检不通过。

1. 年审报告的定义

养老机构的年度审计报告，是指注册会计师根据独立审计准则，在实施必要的审计程序的基础上出具的、对养老机构年度财务报表发表审计意见的书面鉴证文件，注册会计师对其承担相应的法律责任。

2. 年审报告的构成

养老机构的年度审计报告一般由正文和已审财务报告组成。其中已审财务报告应包含：资产负债表、业务活动表、现金流量表以及财务报表附注。

3. 年审报告的格式

养老机构的年度审计报告通常包括标题、收件人、意见段、形成审计意见的基础说明段、管理层和治理层对财务报表的责任段、注册会计师对财务报表审计的责任段、注册会计师的签名及印章、注册会计师事务所的名称、地址及盖章和报告日期组成。

示例：

年度审计报告

××养老院：

一、审计意见

我们审计了××养老院（以下简称“贵单位”）的财务报表，包括20××年12月31日的资产负债表，20××年度的业务活动表和现金流量表以及相关资料。

我们认为，后附的财务报表在所有重大方面按照《民间非营利组织会计制度》的规定编制，公允反映了贵单位20××年12月31日的财务状况以及20××年度的业务活动成果和现金流量。

二、形成审计意见的基础

我们按照中国注册会计师审计准则的规定执行了审计工作。审计报告的“注册会计师对财务报表审计的责任”部分进一步阐述了我们在这些准则下的责任。按照中国注册会计师职业道德守则，我们独立于贵单位，并履行了职业道德方面的其他责任。我们相信，我们获取的审计证据是充分、适当的，为发表审计意见提供了基础。

三、管理层的责任

贵单位管理层（以下简称管理层）的责任是按照《民间非营利组织会计制度》的规定编制财务报表，使其实现公允反映，并设计、执行和维护必要的内部控制，以使财务报表不存在由于舞弊或错误导致的重大错报。编制财务报表时，管理层负责评估贵单位的持续经营能力，披露与持续经营相关的事项（如适用），并运用持续经营假设，除非管理层计划清算贵单位、终止运营或别无其他现实的选择。贵单位对所提供的与本年审计相关的资料负责，并保证资料真实、合法、完整。

四、注册会计师的责任

我们的目标是按照审计准则的要求，对贵单位财务报表及相关资料进行审计，出具审计报告。报告贵单位财务状况及遵守北京市×××民政局年检工作的要求及国家有关法律、法规、财经制度情况。我们按照中国注册会计师审计准则的规定执行了审计工作。我们相信，我们获取的审计证据是充分、适当的，为发表审计意见提供了基础。

现将审计情况报告如下：

五、基本情况

六、审计情况

七、审计中发现的问题及管理建议

八、其他重要事项说明

此审计报告仅供委托方办理单位年检使用，不得用于其他目的。

北京×××会计师事务所有限责任公司　　中国注册会计师：

中国·北京

二○××年×月×日　　中国注册会计师：

4. 年审报告意见段的主要内容

意见段是养老机构年度审计报告的核心内容。意见段应当说明如下内容：养老机构财务报表的编制是否符合《民间非营利组织会计制度》及国家其他有关财务相关法规的规定；财务报表在所有重大方面是否公允反映养老机构特定时点的财务状况、业务活动成果、现金流量情况。

5. 年审报告说明段的主要内容

当注册会计师在年度审计报告的意见段中出具保留意见、否定意见或无法表示意见的审计报告时，应在意见段中增加情况说明段，说明所持意见的理由，并在可能情况下，指出其对财务报表的影响程度。当注册会计师出具无保留意见审计报告时，如果认为有必要，可以增加对强调事项段的说明，以提示养老机构负责人及其他人员重点关注。

6. 年审报告审计意见的类型

注册会计师对养老机构出具下列审计意见之一的审计报告：无保留意见；非无保留意见。其中非无保留意见包括：保留意见、否定意见、无法表示意见。养老机构如果获得的审计报告是非无保留意见可能会影响到年检结果，严重时可能会导致年检不通过。

7. 出具无保留意见的情形

无保留意见的审计报告常使用“我们认为”做意见段的开头，并使用“在所有重大方面公允地反映了”等专业术语。所包含的信息为注册会计师经过审计后，认为被审计养老机构的财务报表的编制同时符合下述情况：（1）财务报表的编制符合《民间非营利组织会计制度》及国家其他有关财务会计法规的规定；（2）财务报表在所有重大方面公允地反映了被审计单位的财务状况以及业务活动成果和现金流量情况。

8. 出具保留意见的情形

保留意见的审计报告常用于意见段中使用“除存在上述意见以外”“除上述问题造成的影响以外”或“除上述情况待定以外”等专业术语。所包含的信息为注册会计师经过审计后，认为养老机构财务报表的反映就其整体而言是公允的，但还存在下述情况之一：（1）个别重要财务会计事项的处理或个别重要财务报表项目的编制不符合《民间非营利组织会计制度》及国家有关法规的规定，养老机构拒绝进行调整；（2）因审计范围受到限制，无法按照独立审计准则的要求取得适当的审计证据；（3）个别重要会计处理方法的选用不符合一贯性原则。

9. 出具否定意见的情形

否定意见的审计报告常于意见段中另设说明段，说明所持否定意见的理由，并在意见段之中使用“由于上述问题造成的重大影响”“由于受到前段所述事项的影响”等专业术语。所包含的信息为注册会计师经过审计后，认为养老机构财务报表存在下述问题之一：（1）会计处理方法的选用严重违反《民间非营利组织会计制度》及其他有关法规的规定，且养老机构拒绝进行调整；（2）财务报表严重歪曲了养老机构的财务状况、业务活动成果和现金流量情况，且养老机构拒绝进行调整。

10. 出具无法表示意见的情形

无法表示意见的审计报告常于意见段中另设说明段，以说明所持无法表示意见的理由，并在意见段中使用“由于审计范围受到严重限制”“由于无法实施必要的审计程序”“由于无法获取实施必要的审计证据”“我们无法对上述财务报表整体反映发表意见”等专业术语。包含信息为注册会计师在审计过程中，由于审计范围受到养老机构或客观环境的严重限制，不能获取必要的审计证据，以致无法对财务报表整体反映发表审计意见。

11. 注册会计师的责任

注册会计师的责任是对养老机构财务报表的真实性、合法性和公允性发表意见。其中，注册会计师的审计责任是指注册会计师应对其出具的审计报告的真实性、合法性负责；审计报告的真实性是指审计报告应如实反映注册会计师的审计范围、审计依据、已实施的审计程序和应发表的审计意见；审计报告的合法性是指审计报告的编制和出具必须符合《中华人民共和国注册会计师法》和《中国注册会计师审计准则》的规定。

第九章　年检中的要求

引言：

养老机构年检的内容分为财务情况检查和非财务情况检查。其中财务情况检查包括养老机构的财务状况、资金来源和使用情况，财务情况在年检中占有很重要的地位。在养老机构年检过程中，登记管理机关对养老机构报送的年检财务材料进行检查、分析，作出对该组织的年度财务评价，再结合非财务情况检查作出养老机构年检是否合格的结论。

1. 年检中财务状况的重要性

养老机构每年年检需提交以下材料：（1）年度工作报告书；（2）年度财务审计报告；（3）法人登记证书副本复印件和其他应当提交的材料。其中，年度检查工作报告的内容具体包括：（1）基本信息；（2）内部建设情况；（3）财务会计报告；（4）业务活动情况；（5）其他需要说明的情况；（6）接受监督检查情况等。

2. 对财务会计报告的要求

财务会计报告必须由民间非营利组织财务人员依据实际情况如实填写。按要求需提交审计报告的养老机构，财务会计报告中数据应与审计报告中报表数据保持一致。在提交的纸质材料中，“资产负债表”“业务活动表”“现金流量表”三个报表都应由养老机构加盖公章并由机构负责人、财务负责人签字确认。

3. 对年度审计报告的要求

年度审计报告每年提交一次。养老机构应当提交上一年度的年度审计报告。养老机构应当委托有资质的审计机构进行年度审计。

4. 年度检查办法

民办非企业单位年度检查办法

（2005年3月29日经民政部部务会议通过，自2005年6月1日起施行）

第一条 为促进民办非企业单位健康发展，保障民办非企业单位的合法权益，加强对民办非企业单位的规范管理，根据《民办非企业单位登记管理暂行条例》，制定本办法。

第二条 民办非企业单位年度检查（以下简称年检），是指登记管理机关对民办非企业单位，依法按年度进行检查和监督管理的制度。

第三条 经登记管理机关核准登记的民办非企业单位，应当按照本办法的规定，接受登记管理机关的年检。

截至上年度12月31日，成立登记时间未超过6个月的民办非企业单位，不参加当年的年检。

第四条 民办非企业单位年检的程序是：

（一）民办非企业单位领取或从互联网下载《民办非企业单位年检报告书》及其他有关材料；

（二）民办非企业单位于每年3月31日前向业务主管单位报送年检材料，经业务主管单位出具初审意见后，于5月31日前报送登记管理机关；

（三）登记管理机关审查年检材料；

（四）登记管理机关作出年检结论，发布年检结论公告。

第五条 民办非企业单位接受年检时，应当提交下列材料：

（一）已填具的《民办非企业单位年检报告书》；

（二）《民办非企业单位登记证书》副本；

（三）财务会计报告；

（四）其他需要提交的有关材料。

已经取得执业许可证的民办非企业单位，应当提交执业许可证副本。

登记管理机关在年检期间，可以根据情况，要求民办非企业单位提交注册会计师审计报告、其他补充说明材料及有关文件。登记管理机关可以要求有关人员说明情况，必要时进行实地检查。

第六条　年检的主要内容包括：

（一）遵守法律法规和国家政策情况；

（二）登记事项变动及履行登记手续情况；

（三）按照章程开展活动情况；

（四）财务状况、资金来源和使用情况；

（五）机构变动和人员聘用情况；

（六）其他需要检查的情况。

第七条　民办非企业单位年检结论，分为“年检合格”、“年检基本合格”和“年检不合格”三种。

年检结束，登记管理机关应当在《民办非企业单位登记证书》（副本）上加盖年检结论戳记。民办非企业单位更换登记证书，应当保留原有年检记录。

第八条　民办非企业单位有下列情形之一，由登记管理机关责令改正，情节轻微的，确定为“年检基本合格”；情节严重的，确定为“年检不合格”：

（一）违反国家法律、法规和有关政策规定的；

（二）违反规定使用登记证书、印章或者财务凭证的；

（三）本年度未开展业务活动，或者不按照章程的规定进行活动的；

（四）无固定住所或必要的活动场所的；

（五）内部管理混乱，不能正常开展活动的；

（六）拒不接受或者不按照规定接受登记管理机关监督检查或年检的；

（七）不按照规定办理变更登记，修改章程未按规定核准备案的；

（八）设立分支机构的；

（九）财务制度不健全，资金来源和使用违反有关规定的；

（十）现有净资产低于国家有关行业主管部门规定的最低标准的；

（十一）侵占、私分、挪用民办非企业单位的资产或者所接受的捐赠、资助的；

（十二）违反国家有关规定收取费用、筹集资金或者接受使用捐赠、资助的；

（十三）年检中隐瞒真实情况，弄虚作假的。

第九条 “年检基本合格”和“年检不合格”的民办非企业单位，应当进行整改，整改期限为3个月。整改期结束，民办非企业单位应当向登记管理机关报送整改报告，登记管理机关对整改结果进行评定并出具意见。

对“年检不合格”的民办非企业单位，登记管理机关根据情况，可以责令其在整改期间停止活动。民办非企业单位被限期停止活动的，登记管理机关可以封存其登记证书、印章和财务凭证。

第十条 登记管理机关对连续两年不参加年检，或连续两年“年检不合格”的民办非企业单位，予以撤销登记并公告。

第十一条 登记管理机关实施停止活动、撤销登记行政处罚的，应当按照有关法律、法规的规定办理。

第十二条 登记管理机关工作人员在年检工作中，应当依法行政，不得滥用职权、徇私舞弊。

第十三条 《民办非企业单位年检报告书》格式，由国务院民政部门制订。

第十四条 登记管理机关可以采取网上年检的方式，对民办非企业单位进行年检。

第十五条 各省、自治区、直辖市登记管理机关可以根据实际情况，制定本地区民办非企业单位年检实施办法。

第十六条 本办法自2005年6月1日起施行。

第十章　制度制定要点

引言：

养老机构内部控制建设建议参照行政事业单位内部控制规范，将内部控制制度分为单位层面和业务层面。其中单位层面包括：决策管理、机构岗位、人员管理、信息技术、风险评估、监督评价；业务层面包括：预算管理、收支管理、采购管理、资产管理、建设项目管理、合同管理。以下举十个简单示例，仅供参考。

一、单位层面

1.《三重一大政策》

示例：

“三重一大”事项决策制度实施办法（试行）

为落实党中央关于凡属重大决策、重要人事任免、重大项目安排和大额资金运作（简称“三重一大”）事项必须由领导班子集体作出决定的要求，规范养老机构决策行为，提高决策水平，防范决策风险，加强廉洁从业，促进健康发展，根据有关法规，结合单位工作实际，制定本办法。

第一章　总　则

养老机构凡属“三重一大”事项要坚持集体决策原则。要集体讨论决定“三重一大”事项，防止个人或少数人专断；要坚持务实高效，保证决策的科学性；要充分发扬民主，广泛听取意见，保证决策的民主性；要遵守国家法律法规、党内法规和有关政策，保证决策合法合规。

“三重一大”事项实行群众参与、专家咨询和集体决定相结合的决策机制。

第二章　“三重一大”事项的主要内容

一、重大决策事项

1. 贯彻执行党和国家的路线方针政策、法律法规和养老机构重要决定的重大措施。

2. 养老机构定位、发展战略，涉及养老机构全局的重大规章制度、改革方案和措施。

3. 党的建设和思想政治工作、党风廉政建设、文化建设、安全稳定、群众工作中的重大事项。

4. 对外投资设立养老机构、兼并重组、改制等事项。

二、重要人事任免事项

1. 养老机构聘任或解聘高级管理人员、中层管理人员。

2. 其他重要人事任免事项。

三、重大项目安排事项，是指对养老机构资产规模、资本结构等产生重要影响的项目的设立和安排

1. 养老机构年度投资计划

2. 单项金额××万元以上的设备或技术、物资、软件、服务采购项目。

3. 单项金额××万元以上办公楼、土建、修缮、信息化等工程建设项目。

4. 未列入养老机构年度预算但因特殊原因需要立即实施的单项金额××万元以上项目。

5. 其他重大项目安排事项。

四、大额资金运作事项

1. 养老机构年度财务预算和决算方案。

2. 养老机构单笔金额××万元以上的年度预算内支出。

3. 养老机构单笔金额××万元以上的预算外支出。

4. 其他大额资金运作事项。

第三章　“三重一大”事项决策的基本程序

一、养老机构“三重一大”事项提交会议集体决策前，由养老机构分管领导牵头，组织相关经办部门，认真开展调查研究，经过必要的研究论证程序，充分听取吸收各方面意见。

二、“三重一大”事项决策会议应当提前告知所有参与决策人员，并为所有参与决策人员提供相关材料。必要时，可事先听取反馈意见。

三、养老机构党委、董事会、院长办公会应当对职责权限内的“三重一大”事项以会议的形式作出集体决策，不得以个别征求意见等方式作出决策。

四、“三重一大”事项决策应按照有关法规文件执行回避规定。

第四章　组织实施和监督检查

一、养老机构党委书记、董事长为养老机构实施“三重一大”决策制度的主要责任人，养老机构党委会、董事会、院长办公会负责“三重一大”事项的组织实施、监督执行。

二、养老机构监事会是“三重一大”决策制度实施的监督检查机构，应强化监督检查和问责，督促“三重一大”决策事项的贯彻落实。

三、“三重一大”决策制度的执行情况，应当作为养老机构领导班子成员民主生活会、述职述廉的重要内容。

四、养老机构领导班子成员违反“三重一大”决策制度的，应当依照相关文件规定给予相应的处罚，情节严重、性质恶劣的应及时上报上级部门处理。

第五章　附则

本办法由养老院×××机构负责解释。

2.《财务决策管理办法》

一是构建制衡体系。应具体包括：明确理事会决策职责、办事机构执行职责和监事会（监事）监督职责；监事会（监事）应列席重大财务事项决策，定期检查财务管理情况；院长办公会、执行机构办公会应按照民主集中制原则，对重要财务事项实行集体领导、集体决策。

二是明确议事规则。应具体包括：重要财务管理制度的制定和修改，薪酬管理制度的制定和修改，接受大额捐赠，大额资产租赁、购置、出租、出借和处置，年度预算、年度财务报告审定，对外投资，对外财务信息披露等重大财务事项应由理事会决策。

三是完善信息公开。应具体包括：建立完善财务信息公开制度；通过特定的媒介或方式，主动定期向社会公开财务信息，不得有虚假记载、误导性陈述或重大遗漏，保证信息公开真实、准确、完整、及时；定期向理事会、监事会（监事）报告财务状况。

3.《预算管理办法》

一是预算审批。应具体包括：年度预算应由理事会批准或确认，并严格执行；将全部收支纳入年度预算。

二是预算调整。应具体包括：明确年度预算调整程序和权限；年度预算内调整可由执行机构集体决策；年度预算之外的支出事项，由执行机构集体研究提出，并经理事会确认后补充编入年度预算。

三是执行报告。应具体包括：年度预算执行情况向理事会报告的频次和期限；年度预算执行情况向监事会（监事）报告的频次和期限；年度预算执行中超预算支出等情况。

4.《财务负责人岗位职责》

一是职责描述。应具体包括：在养老机构理事会和院长领导下，负责养老机构整体的财务会计工作；严格遵守有关纪律法规；协助养老机构院长做好财务内控工作。

二是职责内容。应具体包括：组织制定和实施财务制度及相应的细则；对其中出现的问题及时制止、纠正；发现严重违规行为应及时向院长汇报；负责监督、检查各项财务计划执行情况，提出财务分析报告，并提出加强运营管理和财务管理的建议；参与审查、拟订重要业务合同及协议；掌握税收政策，负责与税收机关的协调；负责指导、管理、监督下属人员的日常工作，改善工作质量和服务态度，做好绩效考核和奖励惩罚工作；负责项目成本核算与控制；向院长提供财务报告和必要的财务分析；负责保管和使用财务章。

三是管理权限。应具体包括：经授权后负责各部门的经费支出有总体控制权；对本部门有业务指导权和考核权；对各部门财务计划的执行情况有检查和考核权；对违反财经纪律、不符合财务制度的费用开支有拒绝权。

5.《财务会计岗位职责》

一是职责描述。应具体包括：根据相关法律法规、会计基础工作规范和内部财务管理控制的要求，负责财务会计的核算工作；总体设计会计核算科目，强化内部会计核算。

二是职责内容。应具体包括：负责管理会计信息化系统，对财务数据定期进行备份，确保财务数据的安全；定期对系统进行病毒检测，及时有效地采取防范措施，保证系统的正常运行；每日及时把好会计凭证审核关；在审核中如发现口径有不一致的事项，要及时予以提出和纠正；做好财产物资、债权债务的对账工作，保证账证相符、账账相符和账实相符，确保会计记录的正确无误。

三是职责权限。应具体包括：定期检查分析单位预算执行情况；定期提出资金活动情况，分析和改进财务工作的建议措施；参与养老机构经济管理和重大经济项目论证、决策工作；定期检查养老机构预算执行情况，申请用款计划，进行经费的领拨、解缴、管理、使用；按月核定人员、工资基数，按程序进行预算调整；加强养老机构票据管理，建立健全票据发放、缴销工作制度，严格按核算内容使用票据；认真做好养老机构日常会计核算工作，做好总账、往来账、收入和支出明细账、固定资产账等登记工作；指导、督促、检查出纳人员办理日常会计事务；严格执行财务制度规定的各项开支范围和开支标准，履行会计监督职能；对不真实、不合法的原始凭证不予受理，对违反财务制度的收支活动不予办理；按月编制财务报表及年度决算报表，做到数字真实、计算准确、内容完整、印章齐全、报送及时；妥善保管会计凭证、账簿、报表、印鉴、票据等资料，按规定要求及时归档。

6.《出纳岗位职责》

一是职责描述。应具体包括：认真学习和贯彻执行国家的有关法律法规、政策规范；遵守会计法的规定；严格执行国家颁布的《民间非营利组织会计制度》《会计基础工作规范》等有关财务会计工作的各项制度。

二是现金职责内容。应具体包括：按规定设置现金日记账，收付现金须及时逐笔登记，做到账款相符；现金开支需符合规定范围，不属于现金开支范围的业务应通过银行办理转账结算；严格执行库存现金限额管理规定，超过库存限额的现金应及时存入银行。

三是存款职责内容。应具体包括：按规定设置银行存款日记账，做好银行存款、取款和结算工作，并及时逐笔登记；熟悉银行各种付款方式和凭证填制，严格按照银行存款管理规定办理银行结算业务；按月核对银行账户及存款余额，编制银行存款余额调节表，使银行存款账面余额与银行对账单调节后相符。

四是票据职责内容。应具体包括：按规定做好银行结算票据的登记、领购、填制、保管、回收、缴销工作；借用转账票据要在借款单上注明票据编号，每月终了前，认真清理催办借出银行结算票据，防止丢失或长期不办理报账手续。

五是账簿职责内容。应具体包括：严格执行《会计档案管理办法》，妥善保管银行存款日记账簿、现金日记账簿等会计档案资料，并在工作调动、岗位调整时按规定办理交接手续。

六是职责权限。积极宣传、维护相关制度和纪律；预防违法违纪行为发生；拒绝办理违反财务规定的各种结算、报销业务；严禁挪用公款和白条抵库。

二、业务层面

7.《报销管理办法》

一是管理目的。应具体包括：规范费用报销行为；减少不必要的开支；有效利用和控制资金；明确每笔支出的授权方式、审批权限、程序、责任和相关控制措施；对经办人、支出审批人的职责和工作要求进行规定。

二是管理内容。应具体包括：差旅费报销管理、车辆使用费报销管理、交通费报销管理、业务费报销管理、通信费报销管理、办公费报销管理等内容。

三是管理禁止。应具体包括：严禁未经请款审批的报销；严禁与审批用途不符的报销；严禁用虚假发票或业务不真实的发票报销；严禁超出支出标准的报销。

8.《差旅费支出管理办法》

一是管理标准。应具体包括：城际交通费应参照《中央国家机关差旅费管理办法》规定的交通工具等级确定；住宿费应参照中央和国家机关工作人员赴地方差旅住宿费标准执行，工作人员出差期间，可按每人每天××元领取伙食补助；市内交通费可据实报销。

二是管理内容。应具体包括：出差人员应当按规定等级乘坐交通工具，未按规定等级乘坐交通工具的，超支部分由个人自理；出差人员应当在职务级别对应的住宿费标准限额内，选择安全、经济、便捷的宾馆住宿；伙食补助费按出差自然（日历）天数计算，按规定标准包干使用。

三是禁止管理。应具体包括：出差人员应当严格按规定开支差旅费，费用由所在单位承担，实际发生住宿而无住宿费发票的，不得报销。严禁变相旅游，不得接受礼品；严禁无实质内容、无明确目的的差旅活动。

9. 《发票和财政票据管理办法》

一是管理内容。应具体包括：依据国家有关规定，规范各类发票和财政票据领购、发放、使用、保管、核销、销毁等行为；建立发票和财政票据使用登记制度，设置票据管理台账，按规定向财税部门报送票据使用情况。

二是开具管理。应具体包括：开展经营服务取得的收入，在增值税纳税义务发生时，应开具增值税发票；暂收、代收性质的财政资金，以及养老机构内部资金往来结算时，应开具资金往来结算票据；依法接受公益性捐赠的，应在收款时开具公益事业捐赠票据。

三是禁止管理。应具体包括：公益事业捐赠票据不得用于其他用途，只能用于收取捐赠物资及资金。

10. 《会计档案管理办法》

一是管理对象。应具体包括：会计凭证（包括原始凭证、记账凭证）、会计账簿（包括总账、明细账、日记账、固定资产卡片及其他辅助性账簿）、财务会计报告（包括月度、季度、半年度、年度财务会计报告）、其他会计资料（包括银行存款余额调节表、银行对账单、纳税申报表、会计档案移交清册、会计档案保管清册、会计档案销毁清册、会计档案鉴定意见书及其他具有保存价值的会计资料）和满足规定条件的电子会计资料。

二是年限管理。应具体包括：永久保管的会计档案，包括年度财务会计报告、会计档案保管清册、会计档案销毁清册、会计档案鉴定意见书；保管 30 年的会计档案，包括原始凭证、记账凭证、总账、明细账、日记账、银行对账单、纳税申报表、其他辅助性账簿、会计档案移交清册；保管 10 年的会计档案，包括月度、季度、半年度财务会计报告，银行存款余额调节表。

三是处置管理。应具体包括：会计档案查阅、复制、借出时须严格履行登记手续，严禁篡改和损坏，一般不得对外借出，不得交由养老机构工作人员放在家中保管；定期对已到保管期限的会计档案进行鉴定，并形成会计档案鉴定意见；经鉴定可以销毁的会计档案，应按规定程序销毁。

图书在版编目（CIP）数据

民办非营利养老服务机构财务规范指导手册 / 曹瑞芳，任宏艳主编 . —北京：中国社会出版社，2022.4（2024.4 重印）

ISBN 978-7-5087-6641-6

Ⅰ . ①民… Ⅱ . ①曹… ②任… Ⅲ . ①养老院 - 财务管理 - 中国 - 手册 Ⅳ . ① D669.6

中国版本图书馆 CIP 数据核字（2022）第 042824 号

出 版 人：程　伟　　终 审 人：李　浩

策划编辑：孙武斌　　责任编辑：杨春岩

封面设计：时　捷

出版发行：中国社会出版社　　地　　址：北京市西城区二龙路甲 33 号

邮政编码：100032　　编 辑 部：(010)58124839

网　　址：shcbs.mca.gov.cn　　发 行 部：(010)58124848

经　　销：新华书店

印刷装订：中国电影出版社印刷厂

开　　本：170 mm×240 mm　1/16

印　　张：15.75　　字　　数：220 千字

版　　次：2022 年 4 月第 1 版　　印　　次：2024 年 4 月第 2 次印刷

定　　价：56.00 元

中国社会出版社微信公众号　　中国社会出版社天猫旗舰店